Pia,

Que ce livre t'apporte une paix intérieure et beaucoup de positif.

A. P.

LA
LISTE

Catalogage avant publication de Bibliothèque et Archives nationales du Québec et Bibliothèque et Archives Canada

Demay, Jérémy, 1983-

    La liste

    ISBN 978-2-89225-896-7

    1. Demay, Jérémy, 1983- . 2. Bonheur. 3. Bien-être. 4. Humoristes québécois - Biographies. 5. Humoristes français - Biographies. I. Titre. . ·

PN2308.D47A3 2015   792.7'6092   C2015-942127-6

Adresse municipale :
Les éditions Un monde différent
3905, rue Isabelle, bureau 101
Brossard (Québec) Canada J4Y 2R2
Tél. : 450 656-2660 ou 800 443-2582
Téléc. : 450 659-9328
Site Internet : http ://www.umd.ca
Courriel : info@umd.ca

Adresse postale :
Les éditions Un monde différent
C.P. 51546
Greenfield Park (Québec)
J4V 3N8

© Les éditions Un monde différent ltée, 2015
Pour l'édition en français

Dépôts légaux : 4ᵉ trimestre 2015
Bibliothèque et Archives nationales du Québec
Bibliothèque et Archives Canada
Bibliothèque nationale de France

Conception de la couverture :
BITE SIZE ENTERTAINMENT

Conseillers à la création de la couverture :
PHILIPPE COMEAU ET MARTIN DUROCHER

Graphisme /adaptation :
OLIVIER LASSER

Photo de la couverture :
MARTIN GIRARD / SHOOT STUDIO

Photocomposition et mise en pages :
LUC JACQUES, COMPOMAGNY, ENR.
Typographie : Minion 12,5 sur 15

ISBN 978-2-89225-896-7

Financé par le gouvernement du Canada
Funded by the Government of Canada   **Canadä**

Gouvernement du Québec – Programme de crédit d'impôt pour l'édition de livres et l'aide à l'édition – Gestion SODEC.

IMPRIMÉ AU CANADA

Jérémy Demay

LA
LISTE

UN MONDE DIFFÉRENT

Je vous dédie cet écrit.

Vous avez tous droit au meilleur de la vie.

J'espère que ce livre vous aidera à le voir apparaître.

Jérémy

Sommaire

Remerciements

Je tiens à remercier du plus profond de mon cœur Marie Beauchemin, Jeremy Bretignière et Martin Durocher pour votre aide si précieuse et votre regard critique quant à la création de ce livre. Je me considère privilégié d'évoluer à vos côtés.

Merci aux éditions Un monde différent d'avoir cru en moi. Michel, merci de m'avoir laissé la totale liberté de faire ce que je voulais. Merci à toi, Lise, pour tes corrections, tes conseils et ta douceur. J'espère que cette collaboration est le début de choses magnifiques.

Un gros merci à Philippe Comeau pour la recherche du titre et l'idée de la couverture. Tu y as mis tellement de cœur et de passion. Même si tu étais débordé de travail, tu as pris du temps pour moi, et je ne peux qu'en être honoré. Ton expertise m'a vraiment été indispensable. Sache que j'en suis profondément reconnaissant.

Merci à Aurore et Élodie de Bite Size Entertainment pour la création de la couverture. J'en suis si fier et c'est grâce à vous! Vous êtes des graphistes de talent.

Un énorme merci à Christine Michaud, Frédéric Lenoir, Gilbert Rozon, Alex Nevsky et Louis-François Marcotte pour avoir pris le temps de lire le livre afin d'en faire une critique. Vos mots pleins d'amour l'embellissent.

Merci à tous ces êtres merveilleux qui occupent une place indispensable dans mon cheminement : Stéphanie Carrières, Louise McMurray et Karine Rochon. Je suis si chanceux que la vie vous ait mises sur mon chemin.

Merci aux sœurs Luce et Lucie Rozon, Véronique Trépanier, Sébastien Langlois et toute l'équipe de Juste pour rire scène pour avoir contribué à créer l'artiste que je suis.

Merci à Jean-Francis Durocher, de mon équipe de management, tu as entre autres été indispensable à la création de ce merveilleux bassin de fans Internet !

Merci à Ziad Ghanem d'être dans ma vie. Je suis fier d'être ton ami.

Merci à Gilles Cormier pour ta présence et l'expérience que tu apportes dans presque tous mes projets. Je suis privilégié de pouvoir compter sur un homme aussi talentueux que toi.

Merci à Alexandre Douville. Tu es un être « humainement » très intelligent. Tu as cette connaissance de voir les gens en profondeur. Sache que tu as été et restes une inspiration pour moi.

Merci à toute ma famille formidable que j'aime du plus profond de mon cœur. Il n'y a rien de plus fort pour moi que de passer du temps avec vous. Tous ces moments partagés ensemble sont si précieux. Je vous aime tellement.

Enfin, merci à toi, maman, pour tout l'amour que tu m'as donné. Je ne serais pas l'homme que je suis si je n'avais pas eu une mère aussi présente que toi. Je t'aime, Douillette.

Introduction

À 19 ans, alors que je faisais des études, j'ai rencontré quelqu'un qui sans le savoir allait inspirer le reste de ma vie. C'était à l'occasion d'une formation de quatre ans dans une école de marketing du sud de la France. Le genre d'école où tu travailles un minimum et tu n'as pas de problème à accéder à l'année supérieure.

Le jour où je suis entré dans cette institution, j'entends dire qu'un élève de l'année précédente, un dénommé Alexandre, n'a pas réussi ses examens. Immédiatement, pour une raison que j'ignore, je me suis senti lié à lui. Trois jours plus tard, on était les meilleurs amis du monde. On était tout le temps ensemble, tellement que quand les gens me cherchaient, ils demandaient : « Il est où, Alexandre ? », car ils savaient que j'étais avec lui. Que ce soit en classe ou en dehors, on passait notre temps à rire, et à vouloir faire rire, c'était plus fort que nous, c'était ce qu'on était.

Un jour, on buvait un verre dans un bar. Il y avait littéralement cinq personnes à cet endroit : deux de nos amis, Alexandre, un monsieur moustachu qui buvait sa bière à la table juste derrière nous et moi. Comme à notre habitude, on se met à vouloir faire rire nos amis en faisant toutes sortes de bêtises. Dix minutes plus tard, le monsieur moustachu vient nous voir et nous demande : « Vous êtes humoristes ? » On répond : « Non, pourquoi ? » Le monsieur nous dit : « C'est mon bar ici, et dans deux semaines, j'organise une soirée de chanson amateur. Comme vous avez l'air drôle, je vous propose de faire un sketch de 10 minutes au milieu du spectacle, ça vous tente ? » On s'est regardés et, sans hésiter, on a accepté.

Sans m'en rendre compte, je venais d'assister à une coïncidence. Le genre d'instant où tu t'aperçois que tu es au bon endroit au bon moment. Arrivés trois minutes plus tard, ou placés autre part, nous n'aurions pas été aussi opportunistes : cette offre ne serait sans doute pas arrivée.

On a écrit un sketch et on est revenus le présenter comme prévu, deux semaines plus tard. Les gens riaient, je me sentais bien, je me sentais là où je devais être. On est sortis de scène. On est allés dehors, et l'image qui me vient pour vous décrire ce que j'ai ressenti est une sorte de lumière qui descend du ciel, le genre de lumière qu'on voit juste dans les dessins animés. J'ai ressenti une certitude. Je me suis dit : *C'est ça que je vais faire dans la vie.*

Depuis ce jour, c'était clair que j'allais devenir humoriste. Je n'ai plus jamais eu de plan B dans ma vie, juste un plan A.

* * *

À la fin de mes études, j'ai décidé de partir pour Montréal en stage. Comme Montréal est une des villes les plus prolifiques sur le plan de l'humour, j'en ai profité pour monter sur scène. Un producteur français à vu ce que je présentais et m'a conseillé de rester vivre six mois à Montréal pour apprendre mon métier. J'ai suivi son conseil. Enfin presque, car je ne suis pas resté 6 mois, j'y suis depuis maintenant 10 ans, et je suis certain que je vieillirai et mourrai en tant que Québécois.

Ce producteur français m'avait dit que la route serait longue avant d'arriver à destination. Mais je ne voulais pas l'écouter. Comme beaucoup de jeunes d'aujourd'hui, je pensais devenir connu rapidement sans avoir à travailler. Je me suis trompé, et croyez-moi, à la lumière de ce qui m'est arrivé, j'en suis heureux. **J'ai appris que ce n'est pas tellement la destination qui importe, mais ce qu'on vit tout au long du parcours, ce qu'on apprend, les souvenirs que l'on crée, les amitiés qu'on lie, les peurs que l'on surmonte, les hontes que l'on ressent, les défis**

qu'on relève; bref, tout ce qui fait que l'on devient ce que l'on est.

Quand j'ai commencé dans l'humour il y a une décennie, je me cherchais beaucoup en tant qu'artiste… et surtout en tant qu'homme. Je savais que je voulais être humoriste, mais j'ignorais pourquoi. En fait, j'ai entrepris ce métier pour les mauvaises raisons : je voulais être aimé et reconnu. Si j'avais été un peu plus musclé, je me serais inscrit à *Occupation double*!

J'étais à l'aise sur scène, mais je ne savais pas encore ce que je voulais dire. Par conséquent, tout au début de ma carrière (peut-être à la troisième fois que je suis monté sur scène), le temps d'un numéro, par peur de déplaire aux gens avec mes blagues, j'ai fait quelque chose de pas correct… j'ai volé des gags. Voler des gags en humour, c'est comme bousculer une vieille dame : c'est inadmissible.

Pour être honnête, j'ai fait ça en toute inconscience. Je me disais que personne n'allait le remarquer et qu'il n'y aurait pas de conséquences… Les gens du milieu l'ont remarqué. Il faut admettre qu'un Français drôle au Québec, c'est louche.

Qui plus est, lorsque tu commets une erreur de la sorte en début de carrière artistique, ça prend du temps pour que les gens du milieu te pardonnent.

Peu importe ce que je faisais pour me racheter, ça ne marchait pas; peu importe ce que j'écrivais, certaines personnes continuaient de me juger à cause de ces trois gags auxquels j'avais pourtant renoncé (et qui ne m'avaient rapporté ni argent ni notoriété).

Mes copains qui ne travaillent pas en humour me disaient : « Trois gags : faut en revenir, c'est pas grave. » Mais trois gags pour un humoriste, c'est comme si tu trompes ta blonde pis tu lui dis.

« Oui mais, mon amour, je t'ai juste trompée avec trois filles. Regarde le bon côté des choses, pense à toutes les autres filles avec qui je ne t'ai pas trompée. »

Avec du recul, je me rends compte que c'est vrai que ce n'était pas grave, et ça m'a même servi par la suite (j'en parlerai plus tard), mais sur le moment, j'ai eu honte, honte de ce que j'avais fait. Pendant les quatre années qui ont suivi, j'ai fait l'impossible pour emprunter un parcours au sein de ce métier et créer ma voie.

Puis, à la fin de l'année 2009, j'ai été frappé par une dépression. **Une des définitions de la dépression : Ne pas accepter ce qui est.** Or j'avais beaucoup de mal à accepter tout ce qui était. Trop de choses à l'intérieur me faisaient mal. J'étais sans famille ni amis à 8 000 kilomètres de chez moi. Je tentais de faire mon chemin dans un milieu où ma réputation laissait à désirer, j'étais dans une très mauvaise passe avec ma blonde, je ne prenais pas soin de ma santé, et par-dessus tout, j'avais cette douleur inexprimée et si poignante d'un père que j'avais vu mourir 20 ans auparavant.

Il est arrivé à plusieurs reprises que ma blonde me retrouve couché dans son lit, à quatre heures de l'après-midi. Elle me demandait : « Qu'est-ce que tu fais ? » Je répondais :

« Rien… je me repose.

— Tu te reposes sous la couette tout habillé avec tes chaussures aux pieds ? »

Vous ne pouvez pas imaginer le nombre de fois où j'ai voulu tout abandonner et rentrer en France. **La vie n'avait plus de saveur.**

Quand tu sombres dans la dépression, d'après moi, tu as deux choix : **ou tu meurs** (dans le sens que tu tombes dans un cercle vicieux où tu ressasses à satiété des idées noires en gobant des antidépresseurs), **ou tu renais et tu deviens une nouvelle personne.** J'ai décidé de devenir une nouvelle personne. J'ai décidé de devenir un homme heureux.

Cinq ans plus tard, je peux affirmer que je suis un homme heureux intérieurement. Extérieurement, j'ai réalisé mon rêve : j'ai obtenu du succès avec mon spectacle solo. Je suis fier d'être le premier humoriste français vivant ici (à Montréal), à percer sur le marché québécois. Mon show s'intitule *Ça arrête pu d'bien aller !* Le fil conducteur de mon spectacle, c'est le bien-être. **J'aime l'idée qu'avec mon humour je puisse faire du bien aux gens, et les aider à aller mieux.**

J'ai reçu beaucoup de témoignages de personnes qui m'ont dit que je les avais aidées à un moment où elles en avaient besoin. Une jeune fille est déjà venue me voir à la sortie de mon spectacle pour me dire : « À cause d'un cancer, j'ai subi l'ablation d'un sein. J'hésitais à me faire poser de faux seins, mais après avoir vu ton spectacle, j'ai décidé de rester comme je suis. »

Un homme m'a abordé dans la rue et m'a donné la chair de poule lorsqu'il m'a confié : « Quand j'ai assisté à ton show, avec ma blonde, t'as réussi à lui faire oublier, l'espace de deux heures, que sa fille allait mourir. » Je l'ai pris dans mes bras et on a pleuré tous les deux.

Un des plus beaux messages que j'ai reçus dans ma vie reste celui d'une jeune femme qui m'a écrit pour me révéler ceci : « Mon chum et moi, on est venus voir ton show. On a tellement passé une belle soirée ensemble, que quand on est rentrés à la maison, on a fait l'amour et je suis tombée enceinte. Ça faisait six ans qu'on essayait ! » Ce témoignage m'a réellement ému. Grâce à ce beau métier, j'ai contribué à la création d'un être humain. **Sachez que quand vous m'arrêtez dans la rue pour me témoigner votre amour, vous me confirmez que mon métier sert plus qu'à faire rire.**

J'ai fait beaucoup de recherches pour améliorer ma vie ces dernières années. J'ai lu des dizaines de livres, écouté des conférences, rencontré différentes personnes, et ce livre est en quelque sorte la liste de tous les outils qui m'ont aidé **à ressentir un bien-être intérieur, à atteindre le succès et à devenir une meilleure personne.**

Tout ce que j'ai pu apprendre, je l'ai réuni dans ces pages. **En résumé, j'ai écrit le livre que j'aurais aimé lire il y a six ans.** Sachez que je suis loin de maîtriser parfaitement tous ces outils, mais je m'efforce chaque jour de continuer à m'y exercer. Pour me les rappeler, j'ai d'ailleurs énuméré la plupart sur des Post-it que j'ai collés dans mon bureau. Vous les lirez à la fin de chaque chapitre, dans la récapitulation amorcée par les mots « En bref ». (Je vous invite à adopter ma démarche et à faire de même, c'est très efficace pour les garder en mémoire.)

Je ne peux qu'être reconnaissant pour l'inspiration que j'ai eue tout au long de ces pages, et sachez que j'ai écrit en toute humilité et avec tout mon amour. J'espère sincèrement que mon ouvrage pourra vous aider d'une façon ou d'une autre.

Je sais que je ne peux pas changer le monde, mais comme nous tous, je peux aider à l'améliorer, et ce livre est une de mes contributions.

Bonne lecture.

Chapitre 1

La volonté

*« La force ne vient pas des capacités physiques,
elle vient d'une indomptable volonté. »*

— Mahatma Gandhi

Quand j'ai décidé d'améliorer ma vie, j'ai compris que **l'ingrédient essentiel était la volonté**. Sans mon désir permanent d'évoluer dans la vie, je ne serais pas ici aujourd'hui. Je me souviens encore d'un de ces jours en 2007, alors que je suivais des cours de chant sur le Plateau-Mont-Royal. En ce jour où je sortais du cours, et où je marchais vers mon appartement, je me suis mis à « pleurer de volonté ». En pleurant, je disais tout haut : « Je vais y arriver, peu importe le temps que ça prendra, je vais y arriver. » J'étais poussé par une puissante volonté.

Mon oncle Jean-Marc m'a beaucoup inspiré dans ce processus. C'est un homme merveilleux et un entrepreneur de talent. Il a grandi dans une famille modeste et n'a pas eu la chance de profiter de grandes études, mais il a toujours eu en lui cette immense volonté de faire et de se réaliser. Quand il a démarré sa première entreprise, comme paysagiste, alors qu'il était dans la vingtaine, il avait deux employés. Il n'avait même pas assez d'argent pour les rémunérer le premier mois. Il a dû vendre sa moto pour les payer. Depuis ma tendre enfance, j'ai toujours vu mon oncle partir travailler à six heures du matin pour le voir revenir à huit heures du soir. Il a travaillé plus dur que quiconque que je connaisse. Son entreprise est d'ailleurs devenue l'une des plus réputées du sud de la France. Par la suite, il a créé d'autres entreprises, toutes aussi prolifiques les unes que les autres. Il m'a toujours répété cette phrase : « **Ce qui me pousse, c'est l'envie de faire.** »

Mon autre oncle, Frédéric, travaillait comme régisseur pour des chanteurs. Un jour, il a décidé de convaincre les directeurs d'une salle de spectacle qui se dirigeait vers la faillite, de lui allouer six mois pour tenter de la sauver. Grâce à son travail et à sa volonté, il a non seulement sauvé cette salle, mais il en a fait un lieu mythique pour les spectacles français.

Mon ami et humoriste P-A Méthot est un bel exemple de volonté. Il a attendu 18 ans avant de pouvoir réaliser son rêve d'avoir un *one man show* à succès. Dix-huit ans de dur labeur et de patience, en passant par une grosse dépression attribuable à sa bipolarité.

Après la mort de mon père, ma mère s'est retrouvée seule avec trois jeunes enfants. Elle a fait de nous sa priorité et s'est mise à travailler dur pour nous donner le meilleur avenir possible. Malgré l'immense tristesse qui l'habitait, ma maman est restée forte pour nous procurer tout l'amour du monde.

Qu'est-ce que ces quatre personnes ont en commun, d'après vous? Elles avaient toutes une volonté profonde de réussir. Ces gens n'avaient pas de plan B, seulement un plan A. **Quand nous n'avons pas de plan B, ça provoque un état d'esprit qui nous pousse à nous surpasser.**

« Un jour, j'irai sur la Lune »

J'ai entendu une merveilleuse histoire. Un enfant de cinq ans, tous les jours quand il jouait dans le jardin, faisait constamment la même chose. Il prenait un élan, puis courait en disant : « Je m'envole vers la Lune. » Un jour, sa mère est allée le voir et lui a demandé pourquoi il disait toujours cela. Il a répondu : « Parce que je veux aller sur la Lune. Un jour j'irai sur la Lune, maman. » Il s'appelait Neil Armstrong.

Que ce soit Usain Bolt qui a gagné 6 médailles d'or aux Jeux olympiques, Barack Obama qui est devenu le premier Noir à accéder à la présidence des

États-Unis, ou Thomas Edison qui a subi 10 000 échecs avant d'inventer la lampe électrique, **tous ces hommes avaient une profonde volonté de réaliser leur rêve.**

Nous pouvons en faire autant dans nos vies. Qu'il s'agisse de perdre trois kilos, de trouver un travail qu'on aime, de mettre fin à une relation chancelante, d'apprendre à cuisiner, de gagner en endurance, de consacrer plus de temps à nos enfants – enfin, peu importe ce que nous voulons faire, avoir ou être –, nous avons besoin de volonté. **Et je parle ici d'une vraie volonté.**

Il y a peu de temps, ma sœur m'a dit qu'elle voulait raffermir ses muscles abdominaux. Je lui ai donc proposé une application pour téléphone qui montre des exercices. Cinq jours plus tard, je lui ai demandé comment ça évoluait. Elle m'a répondu qu'elle n'en avait pas eu le temps. Je lui ai fait remarquer qu'en réalité, elle ne voulait pas vraiment raffermir ses muscles abdominaux. Et elle m'a répondu : « En effet, tu as raison, il faut que je m'y mette. » Je lui ai expliqué qu'à se dire *il faut*, **ça devient une obligation pour nous et non un désir.** Par conséquent, la motivation n'est pas du tout la même. Je lui ai aussi dit : « Tu arriveras à avoir un ventre plus ferme juste si tu le désires vraiment. »

J'insiste sur « désirer vraiment », car comme le montre l'exemple de ma sœur, il arrive souvent qu'on ne désire pas « vraiment » les choses. L'auteur à succès (en gestion et leadership) Kenneth Blanchard l'a bien spécifié : «Il y a une différence entre l'intention et l'engagement. Lorsqu'une chose vous intéresse, mais sans plus, vous ne la ferez que si les circonstances s'y prêtent. Par contre, lorsque vous prenez un engagement, il n'y a pas d'excuses qui tiennent, seuls les résultats comptent.»

La majorité des gens ne lisent pas, alors le simple fait d'avoir ce livre en main démontre votre volonté d'améliorer votre vie.

Bravo !

En bref, je désire vraiment réussir.

CHAPITRE 2

Oui !

« *Un état d'esprit positif t'aide non seulement à imaginer ce que tu veux être, mais t'aide aussi à le devenir.* »

— WALLY AMOS

Quand je suis tombé en dépression, je ne savais pas quoi faire, je me sentais impuissant. En fait, j'avais peur de vivre. À l'époque, un de mes colocataires m'avait conseillé d'acheter l'ouvrage *Libérez votre créativité : La bible des artistes*, de Julia Cameron. Ce livre donne des conseils pour aider à trouver l'inspiration dans n'importe quel domaine de notre vie. En d'autres termes, si nous nous sentons bloqués dans notre vie, ce livre fournit des outils pour trouver un élan créatif menant à la prochaine action à entreprendre pour avancer.

« Les pages du matin »

L'outil qui m'a le plus servi, « les pages du matin »,
est un exercice que Julia propose dans son bouquin.
L'auteure explique que chaque matin, tu t'assois
devant une page blanche d'ordinateur ou de papier,
et tu écris tout ce qui te vient à l'esprit, jusqu'à ce que
tu aies rempli trois pages. Ça peut être aussi simple
que « je me demande pourquoi j'ai beaucoup dormi
cette nuit » ou « je pense souvent à cette fille que j'ai
rencontrée ». N'importe quelle pensée qui vous vient
à l'esprit, vous la déposez sur cette page. **Cela permet
d'enlever toutes les pensées parasites de notre tête
pour laisser place à des pensées plus créatives.**

Jour après jour, le thème récurrent de ces pages,
pour ma part, était mon père décédé. Je m'adressais
rétroactivement à lui. J'ai même décidé à l'époque
de me rendre régulièrement à l'église. Je ne suis
pas religieux, mais les églises, qui sont remplies de
calme et de sérénité, m'ont toujours fait du bien. Je
m'asseyais là en silence, et je parlais avec mon papa.
Je lui demandais conseil.

Un jour, sur le chemin du retour, je suis passé
devant une bibliothèque. Et aussi bizarre que ça puisse
paraître, j'ai suivi une intuition qui me poussait à
entrer.

Je suis entré et j'ai commencé à marcher entre les
rayons sans savoir ce que je cherchais. Après deux

minutes, je suis tombé nez à nez avec un livre qui
était manifestement mis en évidence : *L'Audace de
vivre* d'Arnaud Desjardins avec Véronique Loiseleur.
Pour une autre raison bizarre, je sentais que je devais
l'acheter.

Ce que j'ai retenu de ce livre, c'est de **dire oui
à la vie**. Vous avez sûrement vu le film *Monsieur
Oui* (*Yes Man*), qui raconte l'histoire d'un homme
plutôt négatif (Carl Allen, joué par Jim Carrey) qui,
du jour au lendemain, décide de dire oui à toutes les
propositions que la vie lui fait. Sa vie change de façon
radicale. De nombreuses occasions s'offrent à lui, et
il devient beaucoup plus heureux.

À cette époque, je n'allais vraiment pas bien.
J'étais sur le point de commencer à prendre des
antidépresseurs. J'ai alors pris une décision. Celle
de **m'ouvrir,** et de **dire oui à tout ce que la vie me
proposerait.**

Oui à l'aide extérieure

C'est à ce moment-là qu'une fois de plus, une
coïncidence s'est produite. J'ai recroisé une amie que je
n'avais pas vue depuis longtemps. Stéphanie Carrières,
une thérapeute énergétique. Pour vous expliquer
un peu ce qu'elle fait, permettez-moi d'utiliser une
comparaison qui vient d'elle : « **Admettons que
notre corps soit une guitare. Quand nous ne nous
sentons pas bien sans aucune raison, cela signifie**

que notre guitare est désaccordée. » Or, cette femme a la connaissance et l'expérience pour accorder notre corps à nouveau.

Quand elle m'a conseillé d'aller la voir, je ne savais pas vraiment de quoi il retournait, et pour être honnête, je trouvais ça trop ésotérique à mon goût. Mais j'avais décidé de dire oui à ce que la vie allait m'apporter, alors j'ai essayé. Je lui ai expliqué que j'avais acheté des antidépresseurs, mais que je n'en avais pas encore pris. Grâce à un merveilleux traitement de sa part, je me suis senti beaucoup mieux, et j'ai décidé de jeter ces pilules à la poubelle. **En fait, cette séance a été la première marche que j'ai gravie dans l'escalier de ma reconstruction.**

Il est arrivé la même chose avec ma sœur. Il y a environ un an, ma sœur n'allait vraiment pas bien. Elle avait commencé à prendre des antidépresseurs. Elle a décidé de venir me voir au Québec pour se changer les idées. Je l'ai alors emmenée consulter Stéphanie. Elle est sortie de là changée. Quand j'ai revu ma sœur deux mois plus tard, ce n'était plus la même, ses yeux pétillaient de vie ! Depuis ce jour, sa vie ne cesse de s'améliorer. Elle est aujourd'hui merveilleusement heureuse.

Je crois que nous possédons tous à l'intérieur un potentiel unique à chacun, comme une semence qui peut devenir un arbre majestueux. Et tout comme l'arbre, il nous faut les conditions idéales pour y arriver. Stéphanie sait reconnaître en chacun cette essence et est outillée pour libérer cette force de vie qui ne demande qu'à s'épanouir. En fait, elle sait reconnecter la personne à sa vérité, ce qui amène un alignement à l'intérieur et à l'extérieur de nous.

Ma chère amie Stéphanie Carrières fut d'une d'aide ô combien précieuse dans ma vie, et elle le demeure. C'est pour cette raison que je désirais vous en parler. Je continue de la voir sur une base régulière et même si je ne comprends pas toujours exactement comment elle fait ce qu'elle réalise, je me porte toujours mieux après chaque séance avec elle. **Si vous vous sentez souvent mal sans savoir vraiment pourquoi**, et que vous avez le désir d'aller mieux, alors peut-être que vous pourriez dire oui à l'aide de mon amie. Voici l'adresse de son site Web : http://www.stephaniecarrieres.com

Le remède miracle contre la dépression

Il y a peu de temps, j'ai entendu parler d'une expérience qu'on a réalisée dans une université américaine sur 10 personnes gravement dépressives. Ils leur **ont demandé de se mettre tous les jours devant un miroir et de se regarder en train de sourire pendant 15 minutes, durant 20 jours consécutifs.**

Résultat, les 10 personnes sont complètement guéries ! J'imagine que le fait de se voir joyeux change nos émotions, et donc notre état d'esprit. De façon poétique, je dirais que le rire qui est un reflet du paraître devient un reflet de l'être.

Même si vous n'êtes pas dépressif, je vous recommande cet exercice le matin, car il vous met dans un état de joie pour toute la journée!

En bref,
je dis oui
à la vie!

CHAPITRE 3

S'écouter

« Si tu ne poursuis pas tes rêves, quelqu'un d'autre t'embauchera pour te faire poursuivre les siens. »

— ANONYME

« L'intellect a peu d'utilité sur le chemin de la découverte. Il se produit un bond dans l'éveil de la conscience, appelez-le intuition, et la solution vous arrive, sans que vous sachiez d'où elle vient, ni pourquoi. »

— ALBERT EINSTEIN

Depuis ma très tendre enfance, on me reproche souvent de ne pas écouter quand on me parle. En fait, je crois que je tiens ça de ma mère. J'ai le genre de mère qui me pose une question, et pendant que je réponds, elle n'écoute pas et pense déjà à la question qui suivra.

Des fois, je ne m'écoute même pas moi-même. Je sors d'un magasin pour aller à ma voiture. Une fois proche de mon véhicule, je me dis : *Oh ! j'ai oublié mon cellulaire.* Je retourne chez moi, et une fois arrivé dans la cour, je me demande à voix haute : *Pourquoi je suis remonté ici déjà ?*

À défaut de manquer d'écoute vers l'extérieur, j'ai appris à écouter l'intérieur, cette petite voix qui me parle. **Elle s'appelle intuition. On l'a tous en nous.**

Ces nombreuses fois dans votre vie où vous vous êtes dit : *J'aurais dû m'écouter, je savais que ce n'était pas le bon choix…* Si, si ! C'est de cette voix-là que je parle !

J'ai appris à l'écouter tôt dans ma vie, mais surtout à lui faire confiance. Cette voix qui me disait de rester au Québec à la fin de mon stage, cette voix qui me disait de ne pas abandonner, cette voix qui me chuchotait que ma dépression allait se régler, enfin – et non la moindre – cette voix qui me répétait d'avoir confiance.

Vous ne pouvez pas imaginer le nombre de matinées où, malgré la tristesse et le découragement qui envahissaient mon cœur, j'écrivais sur mes pages du matin : **Quelque chose me dit que ça va bien aller, il suffit que je m'accroche, ça va bien aller…**

En 2007, mon intuition me soufflait d'apprendre à jouer de la guitare. Quelque temps après le début de mes cours, je parlais avec ma mère au téléphone, elle me proposait de faire un numéro où je pourrais déconstruire une chanson avec ma guitare. À l'époque, la seule chanson que je connaissais s'intitulait *Je l'aime à mourir* : un joyau de Francis Cabrel. J'ai présenté mon numéro à un gala Juste pour rire, et croyez-le ou non, il a eu un succès fou, et a permis à ma carrière de franchir un grand pas vers l'avant. Sept ans plus tard, beaucoup de gens m'identifient encore à ce numéro. Si je ne m'étais pas écouté pour les cours de guitare à ce moment-là, ce numéro n'aurait jamais existé, et ma carrière n'aurait peut-être pas pris cet envol.

Cette même voix m'a conseillé de rester au Québec pour y vivre. C'est aussi elle qui m'a dicté de monter sur cette scène en France avec mon ami, et enfin c'est elle qui m'a suggéré d'écrire ce livre… Je pourrais continuer comme cela pendant plusieurs pages, mais permettez-moi plutôt de citer un passage du discours de Steve Jobs durant la remise de diplômes de l'université Stanford :

« Votre temps est limité, alors ne le gâchez pas en menant une existence qui n'est pas la vôtre. Ne soyez pas prisonnier des dogmes qui obligent à vivre en obéissant à la pensée d'autrui. Ne laissez pas le brouhaha extérieur étouffer votre voix intérieure. Et le plus important, ayez le courage de suivre votre cœur et votre intuition, l'un et l'autre savent déjà ce que vous voulez réellement devenir. Tout le reste est secondaire. »

En somme, Steve Jobs nous recommande de nous écouter et d'agir sans laisser notre cerveau rationaliser nos pensées, à savoir si c'est bien ou pas. Si votre intuition vous dit que c'est bien, écoutez-la !

Retrouvons notre spontanéité

Plus on s'écoute, plus on retrouve sa spontanéité. Au stade de l'enfance, on agissait avec une grande spontanéité. Tout ce qui nous semblait une bonne idée, on le faisait immédiatement. En grandissant, on se met à juger de nos idées pour finalement ne pas les mener à bien. J'ai lu cette merveilleuse phrase qui résume bien ça : « **Un adulte, c'est un enfant qui a oublié.** »

Je crois qu'on gagnerait à retrouver cette écoute. **Je vous garantis qu'en agissant sur des coups de tête, vous vivrez des moments magiques.**

L'été 2014, je passais des vacances en famille dans la charmante maison de ma tante au nord de l'Espagne. Un après-midi, une envie est soudainement montée en moi, me submergeant : celle de jouer à la cachette. La dernière fois que j'y avais joué remontait à l'âge de 12 ans. J'ai demandé à tous mes cousins et cousines s'ils voulaient jouer à cache-cache avec moi. À voir leurs réactions, ça ne leur semblait pas une bonne idée pour la plupart. Mais ils m'ont dit : « On accepte à une condition. Si tu ne trouves pas tout le monde, tu descends sur la plage te baigner tout nu. » On s'est alors retrouvés 8 adultes âgés de 18 à 35 ans à jouer à la cachette. On a tous redécouvert notre joie d'enfant. L'excitation à chercher et à se cacher était la même qu'à l'âge de huit ans. C'était un moment merveilleux. Oui, j'ai abouti tout nu sur la plage, mais ça restera un souvenir gravé à jamais dans nos mémoires.

Se poser les questions à soi-même

Afin de me relier à ma voix intérieure, il m'arrive de m'asseoir devant mon ordinateur et d'écrire les questions que je me pose. Ensuite, je les lis tout haut, et j'attends que les réponses me viennent. Surtout, ne vous jugez pas quand des réponses vous arrivent, contentez-vous de les écrire sans réfléchir. Au début, je trouvais ça étrange et je n'étais pas convaincu des bienfaits de cette technique, mais je me suis rendu compte qu'elle génère souvent des idées très intéressantes. Je vous suggère d'essayer, vous pourriez être surpris.

En bref,
j'apprends
à m'écouter

CHAPITRE 4

Je vais vous prendre…

> « *Si vous ne courez pas après ce que vous voulez, vous ne l'aurez jamais. Si vous ne demandez pas, la réponse sera toujours non. Si vous ne faites pas un pas en avant, vous resterez toujours au même endroit.* »
>
> — NORA ROBERTS

À 26 ans, je voyais ma vie couler sans rien pouvoir y changer. J'étais Jack Dawson (Leonardo DiCaprio) dans le film *Titanic*, mais sans Kate Winslet ! Je n'arrêtais pas de me répéter : *Rien ne fonctionne comme prévu.* Et j'ai eu une illumination. Je me suis dit : *Mais qu'est-ce qui était prévu ?* Et la réponse était : rien. Rien n'était prévu, planifié, pensé. J'avançais comme un aveugle, sans GPS.

Un jour, je suis tombé sur la phrase que vous connaissez sûrement : « Demandez et vous recevrez. » C'est aussi simple que cela.

S'il y a bien une chose de primordiale pour avoir ce que l'on veut, c'est de savoir ce que l'on veut. Et surtout d'être très précis en énonçant ce que l'on veut.

La plupart des gens que je connais ne savent pas exactement ce qu'ils veulent, ils suivent le courant, ils vont avec « le flow ». Ils se laissent porter. Personnellement, je trouve ça bien de me laisser aller au gré du vent lorsque je pars en voyage. Mais dans ma vie de tous les jours, je pense qu'il est nécessaire de demander les choses pour qu'elles arrivent. Dernièrement, j'en parlais avec un ami qui me disait qu'il laissait la vie lui apporter ce qu'elle devait lui apporter. Je lui ai expliqué que **s'il était évasif dans ses demandes, la vie serait floue au moment de lui accorder ce qu'il souhaitait.**

Commander sa vie

Imaginez que vous êtes au restaurant. Le serveur vient vous voir et vous demande ce que vous voulez. À ce moment, vous ne le savez pas, alors vous lui répondez : « Apportez-moi ce que vous voulez. » Peu importe ce qu'il va vous servir, vous devrez vous en contenter. C'est pareil avec la vie.

J'entends souvent des gens dire : « La vie n'est pas juste. » Je crois au contraire que la vie est très juste, **elle nous donne exactement ce que l'on demande.** Quand je l'ai compris, j'ai décidé de faire comme au restaurant et de passer ma commande. Je me suis assis, et j'ai écrit précisément ce que je voulais dans chaque secteur de ma vie :

- Ma vie amoureuse
- Ma vie professionnelle
- Ma vie amicale
- Ma vie en société
- Ma santé physique et émotionnelle

Ensuite chaque matin et chaque soir, je relisais cette commande en la visualisant. Vous savez quoi ? Ça a fonctionné ! Tout ce que j'ai écrit, je l'ai matérialisé.

J'ai « commandé » mon condo un an avant de l'acheter. Le jour où j'y suis entré pour la première fois, ne voyant que le salon et la cuisine, j'ai dit : « c'est ici » et je l'ai acheté. Cinq ans plus tard, je voulais déménager dans une maison. Je connaissais exactement les critères de mon futur domicile : le nombre de chambres, le genre, l'emplacement. Une fois de plus, je l'ai commandée ! Et c'est arrivé ! Après une cinquantaine de visites un peu partout, j'ai pénétré dans ma maison et j'ai ressenti qu'elle était faite pour moi. Je suis persuadé de l'avoir attirée à moi.

La magie des images

Il existe un moyen de matérialiser vos souhaits, qui fait ses preuves depuis des années. C'est le pouvoir des images. Si, par exemple, vous désirez partir en voyage, trouvez une photo du paysage de l'endroit où vous aimeriez aller, découpez-la et collez-la sur un tableau que vous gardez à portée de vue dans votre maison. Ce tableau peut contenir autant d'images que vous le souhaitez. **Le simple fait de voir constamment ces images va les attirer à vous.**

La preuve que ça marche !

Lorsque j'ai emménagé dans mon appartement, je trouvais que mon salon manquait de décoration. J'ai alors décidé de coller une murale de papier peint d'un ruisseau qui passe dans une forêt. Tout le monde trouvait ça ridicule et complètement démodé. Mais je répondais que je trouvais ça reposant, et qu'un jour, j'aimerais habiter près d'un lieu comme celui-là. Trois ans plus tard, après avoir déménagé dans ma maison, j'ai envoyé une photo de mon jardin à mon frère pour lui montrer à quoi ça ressemblait. Il m'a répondu ceci, dont je ne m'étais pas rendu compte : « C'est fou, tu as transformé ta murale en réalité ! » J'ai levé les yeux et j'ai vu qu'il avait raison. J'avais matérialisé mon ruisseau.

Je l'ai dit et je le répète : la vie nous donne ce qu'on demande à condition d'être précis avec elle. **J'insiste sur le fait d'être extrêmement précis avec ce que nous voulons.**

La murale de mon ancien salon…

Mon jardin actuel…

Si nous désirons de l'argent, ne disons pas seulement : « je veux de l'argent ». C'est trop vague. Imaginons la vie comme un ami. Si nous lui demandons de nous prêter de l'argent sans émettre de spécificité, ça se peut qu'il nous donne simplement cinq dollars.

Il nous revient d'écrire le montant exact que nous convoitons. Par exemple : «Je vais gagner 50 000 $ par année.»

Comme je vous l'ai dit, **peu importent nos désirs, le mieux est de les écrire sur une feuille pour pouvoir les lire régulièrement afin de les garder en tête.** J'ai moi-même ma liste des choses que je souhaite à court, moyen et long terme, ainsi que mon tableau de visualisation à côté de mon lit que je regarde tous les matins au réveil, et le soir avant de me coucher.

En bref,
je commande
ma vie comme
au restaurant.

CHAPITRE 5

Visualiser et ressentir

« Celui qui est capable de ressentir la passion est celui qui peut l'inspirer. »

— MARCEL PAGNOL

Ce chapitre est « vraiment » important. En fait, c'est une des clés de n'importe quelle réussite. J'ai compris que pour atteindre un but, je dois avoir la foi. Et je ne parle pas de foi religieuse. Je parle de foi personnelle. Napoleon Hill, auteur du livre à succès *Réfléchissez et devenez riche*, l'a bien dit : **« Sans la foi, les désirs ne naissent pas, ils restent des désirs. »**

La plupart des livres à ce sujet évoquent tous la même chose : **Visualiser et ressentir.**

Si nous voulons que la magie opère, nous devons ressentir l'émotion associée à notre rêve. Je ne suis pas croyant, mais j'aime cette phrase de la Bible : « Tout ce que vous demanderez, croyez que vous l'avez reçu, et vous le verrez s'accomplir. »

Les gens qui ont du succès ont compris, comme le suggère l'auteur Wayne Dyer dans le titre de son livre, qu'*Il faut le croire pour le voir.*

Nous devons ressentir l'émotion qui va avec notre demande comme si elle était accomplie. Et pour cela, nous devons utiliser une machine ultra-puissante qui œuvre en chacun de nous : le subconscient. Voyons le subconscient comme un ordinateur. Peu importent les mots que je tape sur mon ordinateur en ce moment, il les considère comme vrais, il ne remet jamais rien en question. C'est la même chose pour notre subconscient. Peu importe ce que nous mettons dedans, il ne discute pas, il ne remet jamais rien en question, il le crée dans notre vie.

Dans son livre *La Puissance de votre subconscient : Le secret d'une force prodigieuse à votre portée*, le Dr Joseph Murphy dit : « **Si vous imaginez clairement un objectif, vous disposerez soudain, à votre surprise, des moyens de l'accomplir, grâce à la puissance de votre subconscient. Le subconscient vous répondra toujours si vous lui faites confiance.** »

Cela veut dire que si nous nous voyons riches et que nous ressentons les émotions qui accompagnent ce sentiment, il y a de fortes chances que la richesse apparaisse autour de nous. Vous allez me dire : « Si c'était aussi simple, tout le monde serait riche ! » Je pense que **si tout le monde connaissait ce principe, et surtout l'appliquait comme il se doit, nous assisterions à des miracles.**

Wallace D. Wattles, auteur de *La Science de l'Enrichissement*, a déclaré : « Il y a des lois qui gouvernent le processus d'acquisition de la richesse, et lorsqu'elles sont apprises et mises en application, elles mènent toute personne à la fortune avec une certitude mathématique. »

Apprendre à créer une certitude dans notre esprit

Supposons que votre rêve le plus cher soit de devenir animateur de télé. Demandez-vous ceci : *Quelle émotion vais-je ressentir une fois mon rêve réalisé ? Serai-je heureux, joyeux, reconnaissant, fier ?* Peu importe comment vous pensez que vous serez, identifiez vos émotions clairement.

Ensuite il suffit de faire un mélange des deux ingrédients : **visualisez l'image mentale de ce que vous souhaitez,** de vous en train de faire votre métier d'animateur télé, comment vous agissez, la façon dont vous vous tenez, les gens que vous interviewez, et **parsemez le tout des émotions que vous ressentez à ce moment.**

Bien entendu, nous pouvons utiliser ce processus pour n'importe quel souhait. Aussi bien pour rencontrer notre partenaire de vie ou pour retrouver une santé parfaite. Il suffit de se demander quelles émotions nous ressentirons à ce moment-là.

Il est recommandé de faire cet exercice tous les jours avant de nous endormir et juste après notre réveil, car d'après les spécialistes en la matière, ce sont les deux moments où nous sommes le plus détendus, et donc où notre subconscient est le plus « ouvert » à recevoir ou capter nos messages.

Il n'y a pas si longtemps, je me faisais applaudir par 1000 personnes à la fin d'un spectacle – des gens heureux du temps qu'on avait passé ensemble – et j'ai su que j'avais vu cette scène des centaines de fois dans mon esprit avant de la vivre pour vrai. **Nombreux sont les gens qui m'ont répété que ma carrière ne fonctionnerait pas au Québec. Ça démontre qu'il n'y a rien de plus fort que le pouvoir de la foi...**

Pour finir, j'aimerais vous raconter un rêve magnifique que j'ai fait où un homme me disait ceci :

« Croyez, croyez, croyez

En vous, en la vie, aux possibilités illimitées

Toujours et en toute occasion, croyez.

Tout peut devenir possible par la puissance de votre pensée.

« L'inverse est aussi vrai : méfiez-vous des pensées négatives et croyez que vos limites sont en fait vos pensées.

Pour que votre vie soit fabuleuse, cessez de douter et croyez ! »

En bref,
je crée une certitude
dans mon esprit
en visualisant
et en ressentant
l'aboutissement
de mon rêve.

CHAPITRE 6

Responsable ou irresponsable? Voilà la question

« Il y a deux choix fondamentaux dans la vie : accepter les choses telles qu'elles sont, ou accepter la responsabilité de les changer. »

— DENIS WAITLEY

« Sois responsable. »

C'est la phrase que ma mère m'a dite le plus souvent dans ma vie. Je n'avais jamais vraiment pris conscience de l'ampleur de cette phrase. Ça veut dire quoi, être responsable? Pour ma mère, ça voulait sûrement dire de ne pas conduire saoul, ou de ne pas prendre de drogue. La question que je me pose est : *Jusqu'où sommes-nous responsables ?*

J'ai passé une bonne partie de ma vie à attribuer le blâme aux autres ou à l'extérieur pour ce qui m'arrivait. Je répétais souvent des phrases comme : « C'est à cause de lui si je n'y arrive pas » ou « c'est à cause du temps qu'il fait ». Quoi qu'il advienne, ce n'était jamais de ma faute. Aujourd'hui, j'ai compris. **Je suis totalement responsable de ma vie et de tout ce qui m'arrive.**

À part les catastrophes hors de notre contrôle, les tsunamis ou les accidents d'avion, je pense fermement qu'on est responsables de tout.

Pensons à une situation dans notre vie qui nous frustre, une situation où nous aurions tendance à blâmer quelque chose ou quelqu'un. Ensuite, demandons-nous le plus sincèrement du monde : *Est-ce que mes agissements, mes mots ou mon comportement ont pu être une cause (même minime) de ce qui survient ?* Si la réponse est positive, alors nous sommes responsables.

Il y a quelque temps, j'ai eu une discussion avec mon cousin à propos de la responsabilité. Il n'était pas d'accord avec l'idée qu'on soit responsable de tout ce qui nous arrive. Il m'a cité un exemple qu'il avait vécu :

« J'étais dans une fête un jour, et j'avais bu. Je ne pouvais pas conduire. Un ami à moi, aussi saoul que moi, m'a proposé de me raccompagner sur son scooter. J'ai accepté. À cause de l'alcool, il conduisait n'importe comment, et on a eu un accident. C'était sous sa responsabilité, non la mienne. »

C'est vrai que son ami est responsable de l'accident, car même ivre, on a la conscience de décider si on conduit ou non. Mais selon moi, mon cousin est tout aussi responsable. Si tu décides de te faire raccompagner par un ami qui n'est pas en état de conduire, tu prends sciemment le risque d'avoir un accident. **Naturellement, il est toujours plus simple de se faire croire que ce n'est pas de notre faute.**

En approfondissant, j'ai même compris que **je suis aussi responsable de la façon dont je me sens.** Peu importe la situation dans laquelle je me retrouve, j'ai le choix de me sentir comme je le souhaite. Par exemple, si quelqu'un m'écrit un message de haine sur Facebook, j'ai le choix de me sentir frustré, ou d'y passer outre et de me sentir joyeux. En fait, **personne n'a le pouvoir de contrôler la manière dont je me sens, à part moi. Ce ne sont pas les choses qui arrivent, mais mes réactions devant elles, qui vont déterminer la suite des événements.**

Maintes fois, dans la circulation routière, je me suis fait insulter au volant, et je ressentais de la frustration et de la colère. J'allais même jusqu'à réagir en insultant en retour ceux qui s'en prenaient à moi. Or je me faisais du mal et je créais encore plus de haine autour de moi. **Car c'est ce qui arrive quand nous exprimons de la haine. Ça nous fait souvent plus de mal à nous qu'à la personne qui la reçoit.**

Essayons ceci : la prochaine fois où un chauffeur nous insulte de sa voiture parce qu'il n'apprécie pas notre façon de conduire, disons-nous d'abord : *Je choisis de garder mon calme et de me sentir joyeux.* Puis, regardons la personne, faisons un grand sourire et secouons la main en guise de bonjour. Ainsi nous l'invitons à se sentir bien. Et même s'il décide de rester en colère, nous continuerons notre belle journée. Qui sait, peut-être que cette personne se rendra compte qu'elle a eu tort de s'énerver, et qu'elle réagira différemment la prochaine fois.

Responsables de nos relations

Nous sommes responsables de nos pensées, de nos actions et de nos paroles. Ainsi, si nous avons du ressentiment envers quelqu'un, nous nous faisons souvent croire que c'est de la faute de l'autre. En réalité, c'est sûrement parce que nous avons omis de nous exprimer par peur de blesser ou parce que nous pensons que cela nuirait à notre relation interpersonnelle. À la place, nous choisissons de garder ce ressentiment à l'intérieur, pour notre plus grand malheur. Ce qui montre que **nous sommes autant responsables de ce que nous disons, que de ce que nous ne disons pas.**

Il demeure que nous sommes entièrement responsables de notre vie. Regardons notre couple, notre compte en banque, notre santé, nos relations et notre bien-être. Peu importe où nous en sommes dans tous les secteurs de notre vie, c'est ce que nous avons choisi et créé.

En bref,
je suis totalement
responsable de ce
qui m'arrive.

CHAPITRE 7

Quel hasard merveilleux !

« *Il n'y a pas de hasard, il n'y a que des rendez-vous.* »

— PAUL ÉLUARD

D ans *Le Livre des coïncidences : Vivre à l'écoute des signes que le destin nous envoie*, le Dr Deepak Chopra explique que **les coïncidences sont des signes que le destin nous envoie.** Il explique que si nous restons attentifs aux messages envoyés, nous pouvons apprendre à décrypter leur résonance par notre vie et nos désirs.

Je dois vous avouer que j'étais perplexe par rapport à tout ça avant ma dépression. Mais j'ai vécu des situations qui m'ont poussé à m'interroger. Comme ce jour de septembre 2009. C'était à l'époque où je n'allais pas bien, et je n'avais pas encore commencé ce travail sur moi.

Ma carrière était au point mort. Quelque temps auparavant, j'avais eu une rencontre avec la direction de la boîte de production Juste pour rire, qui représentait, à mon sens, ma seule chance de m'en sortir. À l'époque, à juste titre, on avait montré peu d'intérêt immédiat pour la production de mon spectacle. J'étais donc en attente d'un avenir incertain. **La seule chose que j'ai faite, c'est de demander à la vie de me donner un signe.**

Entre-temps, je devais tout de même agir. Ne pas me laisser dériver à l'improviste. J'ai donc décidé de suivre des cours de jeu d'acteur. «Par hasard», une amie m'a recommandé un cours d'un professeur américain qui venait enseigner tous les deux mois à Montréal. Il nous associait avec un ou une partenaire afin que nous préparions une scène de jeu ensemble. Quelques jours plus tard, j'étais dans le parc du Mont-Royal avec ma partenaire afin de pratiquer notre scène. À la fin de mon exercice dans le parc, je me dirige vers ma voiture. Au moment précis où j'entre dans mon véhicule, une voiture passe à côté de moi. C'était la productrice de Juste pour rire ! Je n'ai pas pu m'empêcher de la klaxonner pour la saluer. Elle m'a dit : «Tu passeras au bureau pour nous visiter !» Je n'ai pas pu m'empêcher d'y voir un signe positif.

Deux ans plus tard, je signais mon contrat de production de mon spectacle solo avec la boîte de production en question. Nous sommes encore ensemble aujourd'hui et ça va très bien. Sachez qu'en une décennie à Montréal, je ne l'ai jamais croisée dans la rue avant cela, et je ne l'ai jamais recroisée après non plus. Ça a été la seule et unique fois !

Était-ce un signe ? Une réponse à ma demande ? À vous de juger.

En y repensant, je saisis que ma vie a été remplie de moments comme celui-là. Vous vous rappelez l'introduction, alors que j'étais dans un bar avec mon meilleur ami, et qu'on nous a proposé de faire un sketch humoristique. Si on n'avait pas été assis à cette table à ce moment précis, je n'aurais peut-être pas eu la piqûre pour l'humour. J'ai rencontré ma blonde en 2007 dans un bar de Saint-Hyacinthe où elle est allée une seule fois dans sa vie, parce qu'elle avait eu un accident de voiture deux semaines auparavant. Donc elle ne pouvait pas travailler, et exceptionnellement elle a accompagné sa sœur dans ce bar.

Nous vivons plein de moments où nous sommes exactement au bon endroit au bon moment. Je suis sûr que si vous y pensez, vous êtes capable de trouver des instants de synchronie parfaite. Des moments propices offerts sur un plateau d'argent.

Je ne crois pas que tout est écrit d'avance, car nous avons un libre arbitre, mais j'ai la croyance que nous attirons les personnes et les événements que nous avons besoin de vivre au moment idéal.

En bref, il n'y a pas de hasard.

CHAPITRE 8

Pourquoi ça m'arrive à moi?

« Un des secrets de la vie est de transformer les épreuves en tremplin. »

— ANONYME

« Un pessimiste voit la difficulté dans chaque opportunité; un optimiste voit l'opportunité dans chaque difficulté. »

— WINSTON CHURCHILL

Il nous arrive à tous de nous poser cette question : *Pourquoi ça m'arrive à moi?*

Quand j'étais plus jeune, ma famille et moi vivions dans un centre équestre. J'avais ma sœur, de trois ans mon aînée, et mon petit frère de sept ans mon cadet. Mon père avait sa passion de monter à cheval, qu'il nous a transmise. Nous montions chaque semaine avec lui. C'était un moment que je chérissais particulièrement, car c'était un homme d'affaires très pris par son travail. Il était marié à une femme formidable : ma maman chérie. Nous étions une belle famille comme il en existe beaucoup.

Un jour où on rentrait à la maison après avoir fait des commissions, ma mère, ma sœur et moi sommes allés le voir monter. On allait rarement le voir quand il montait seul, mais ce jour-là, on est allés. Je me rappelle ce moment comme si c'était hier. Il faisait des tours dans un carrousel. Il est passé devant moi à plusieurs reprises. Il m'a souri. Cinq tours plus tard, il a fait une crise cardiaque, et il est tombé de cheval. Ma mère a couru vers lui en criant. En arrivant près de lui, elle a mis sa tête sur ses genoux. Je me suis approché sans comprendre ce qui se passait. Mon père respirait fort. Il avait beaucoup de salive qui sortait de sa bouche. On m'a éloigné de cette scène. Plus tard, j'ai compris qu'à ce moment-là, **j'avais vu ma mère impuissante devant la vie qui lui prenait son mari.** J'avais huit ans, et je venais de voir mon père mourir.

Je me suis souvent demandé pourquoi ça m'est arrivé à moi. **Peut-être pour me faire comprendre que la vie peut s'interrompre à tout moment. Peut-être pour vous transmettre que c'est possible d'être heureux après avoir perdu un être cher.** En tout cas, si vous avez encore votre père, je vous souhaite de l'embrasser comme lorsque vous aviez six ans, je vous souhaite de lui dire à quel point vous êtes reconnaissant pour tout ce qu'il a fait pour vous. Je vous souhaite de comprendre à quel point vous êtes chanceux.

Transformer les épreuves en tremplin

La plupart des gens nient la mort. Ce qui fait qu'ils nient la vie. La mort de mon père a provoqué en moi une certaine urgence de vivre ma vie à fond, ce qui fait que j'ai pris le risque de déménager au Québec et monter sur scène pour vous faire rire. Des années plus tard, la thérapie pour faire le deuil m'a poussé à regarder à l'intérieur de moi, et je me suis rendu compte que j'avais besoin de travailler sur plusieurs aspects. J'ai donc commencé à chercher des outils pour me sentir mieux. En fait, sans la mort de mon père, je ne serais sans doute pas humoriste et vous ne seriez pas en train de lire ce livre. **C'est la pire chose que j'ai pu vivre dans toute ma vie, et pourtant je crois que je devais le vivre.**

* * *

Quand j'ai entrepris ma carrière en faisant des blagues d'autres humoristes, beaucoup de gens du milieu m'ont tourné le dos. C'était dur. Pour être vraiment honnête, **j'ai vu d'autres humoristes commettre la même erreur que moi, mais j'étais le seul à me faire juger.** Une fois de plus, je me suis demandé : *Pourquoi moi et pas les autres?* Avec du recul, je me dis que ça n'a pas d'importance. Je suis même reconnaissant que ça me soit arrivé. **Cette erreur m'a aidé à forger l'artiste que je suis devenu.** Ça m'a aidé à trouver mon style en devenant le plus original possible, et surtout ça m'a aidé à moins donner d'importance à ce que les autres pensent de moi. Je suis donc sorti grandi de cette épreuve.

L'auteur de *Daily Love*, Mastin Kipp, l'a bien dit : « La principale chose que les gens gagnent en relevant des défis n'est pas ce qu'ils obtiennent, mais ce qu'ils deviennent. Lorsque vous relevez un défi avec brio, votre foi en vous et vos habiletés augmentent, et vous pouvez accomplir de plus grandes choses encore. Surmonter les obstacles est probablement le plus grand des cadeaux. »

J'ai lu quelque part qu'il y a deux sortes d'épreuves dans la vie : **les inévitables et celles créées par notre manque de sagesse.** Quoi qu'il en soit, quand il nous arrive des épreuves, on peut se demander : *Est-ce que je les utilise pour grandir? Ou est-ce que j'abandonne en m'apitoyant sur mon sort?*

J'aurais sûrement eu une vie plus facile si mon père était encore en vie, si je n'avais pas fait de dépression, si je n'avais pas merdé au début de ma carrière d'humoriste. Mais ça fait partie de moi et de mon cheminement. Je suis reconnaissant pour toutes ces épreuves, car elles m'ont aidé à devenir l'homme que je suis. En fait, **j'ai appris à croire que tout ce qui m'arrive est là pour me faire grandir, et même si je ne vois pas pourquoi ça m'arrive sur le moment, je sais que ça deviendra clair un jour ou l'autre. Il me suffit juste de croire que tous les événements qui m'arrivent sont là pour une bonne raison.**

Je terminerai ce chapitre en citant une merveilleuse réplique du film *Rocky VI*, où *Rocky Balboa*, joué par Sylvester Stallone dit à son fils :

« *Le monde n'est pas juste fait d'arc-en-ciel et de soleil, c'est parfois un endroit sale et méchant. Peu importe ta résistance, il va te rentrer dedans et te mettre au sol de façon permanente si tu le laisses faire. Personne ne peut frapper aussi fort que la vie. Mais ce qui compte, ce n'est pas la force avec laquelle tu peux frapper, c'est la force avec laquelle tu peux te faire frapper et continuer d'avancer.* »

En bref,
j'utilise les
épreuves pour
grandir.

CHAPITRE 9

L'hypnose

« *Si vous voulez changer les fruits d'un arbre,*
vous devez changer ses racines. Si vous voulez
changer ce qui est visible, vous devez changer
ce qui est invisible. »

— T. HARV EKER

Tous les outils mentionnés dans ce livre m'ont énormément aidé. Cependant, si comme moi vous avez vécu différents blocages émotionnels ou vous pensez que vous avez besoin de vous détacher de certaines influences de votre éducation qui vous empêchent d'avancer, la thérapie est sûrement une excellente piste.

La plupart des comportements qu'on adopte proviennent de notre enfance.

Nous agissons en fonction de l'éducation qu'on a reçue et des événements qui se sont passés. Nos parents ont fait du mieux qu'ils pouvaient pour nous élever, et ils nous ont souvent donné ce qu'ils avaient reçu. Mais qu'on le veuille ou non, ce qui se passe dans notre enfance s'imprègne dans notre tête, et exerce un impact énorme sur le reste de notre vie.

Juste après la mort de mon père, je suis devenu somnambule. Je me levais la nuit et je marchais dans la maison sans en garder le moindre souvenir. C'est assez étrange pour les gens avec qui je cohabitais. Une fois, j'étais en croisière avec ma famille et je partageais une cabine avec mon cousin Martin. En plein milieu de la nuit, je me suis assis dans mon lit et j'ai crié : «Coupe la corde, coupe la corde!» Naturellement, mon cousin m'a demandé : «Quelle corde?» et je me suis rendormi. Une autre fois, je dormais chez ma tante. Je suis sorti au milieu de la nuit avec mon drap sur les épaules, et quand j'ai croisé mon cousin Victor dans le couloir, je lui ai demandé : «Il est où, le photographe? Tu l'as vu ou non?» Lui m'a répondu : «Non, je l'ai pas vu.» Et je suis reparti me coucher.

Ma grand-mère, qui est psychologue, m'a expliqué que c'était à cause du traumatisme que j'avais subi à la mort de mon père. J'avais tellement souffert, qu'inconsciemment je ne voulais plus être en contact avec mes émotions négatives. Du coup, cette partie de moi qui ne s'exprimait pas le jour voulait s'exprimer la nuit. Ma grand-mère m'a donc conseillé de trouver une psychologue hypnothérapeute capable de m'aider à guérir cela.

Avant tout, j'ai voulu me renseigner sur l'hypnose, car l'image que j'en avais est sûrement la même que la vôtre, c'est-à-dire Messmer qui demande à quelqu'un de chanter en dansant sur un pied. Ce n'est pas du tout ça. Sachez qu'en état d'hypnose, vous êtes allongé en demi-sommeil. Vous entendez ce qui se passe autour et vous êtes conscient de tout. La question est : que se passe-t-il durant ce demi-sommeil ?

Si nous regardons la définition, nous lirons que c'est « **contacter l'inconscient et mettre en œuvre ses pouvoirs d'autoguérison** ». Pour vulgariser, c'est comme si notre inconscient était un disque dur d'ordinateur avec toutes les données de notre vie, et l'hypnose un antivirus. Nous l'activons et il se répare tout seul.

Dans notre tête, on va tous très bien !

À ma première visite chez cette hypnothérapeute, j'y allais à contre-courant. Comme beaucoup de gens, je me disais : *Je n'ai pas besoin d'aller voir une psychologue, je vais très bien.* **Dans notre tête, on va toujours très bien.**

Cette première hypnose a débloqué des choses en moi. La meilleure image que je peux vous donner, c'est **un bouchon de champagne qui explose, et toute la mousse qui sort de la bouteille.** Ainsi, beaucoup de choses non réglées de mon passé sont remontées à la surface.

J'avais anticipé de régler mon problème en trois séances, mais je me suis rendu compte que j'avais tellement d'éléments à guérir, que ça fait trois ans que je vois mon hypnothérapeute. Croyez-moi, ça a été une de mes meilleures décisions.

À l'instar de tant de monde, vous êtes sans doute sceptique (je l'étais aussi). Mais sachez que plusieurs médecins aujourd'hui recourent à l'hypnose.

Je connais des gens qui se sont fait opérer les dents de sagesse en état d'hypnose. Mon oncle qui fumait deux paquets de cigarettes par jour a arrêté du jour au lendemain grâce à l'hypnose. C'est d'ailleurs prouvé que l'hypnothérapie peut guérir un grand nombre de maux comme la douleur chronique, l'anxiété ou les problèmes de peau. J'ai même lu l'histoire d'une femme qui a programmé son inconscient en hypnose pour non seulement ne ressentir aucune douleur, mais aussi pour jouir pendant son accouchement.

Beaucoup de gens vont voir une psychologue. En ce qui me concerne, ce n'est pas assez, car **une psychologue va juste m'aider à comprendre d'où vient le problème, sans pour autant le régler. Alors que l'hypnose me guérit en profondeur.**

Pour avoir pratiqué l'hypnose des dizaines de fois, je peux vous dire que les bienfaits en sont merveilleux. Si comme moi vous avez le désir de vous réparer, je vous laisse le nom de ma psychologue hypnothérapeute. Elle s'appelle Louise McMurray et vous pourrez la trouver facilement en appelant l'Ordre des psychologues du Québec.

En bref,
en me guérissant
de mon passé,
je fais briller
mon présent
et mon avenir.

Chapitre 10

L'ego

« *L'ego te fait ressentir le besoin d'avoir raison, et l'amour te fait ressentir que tu n'as pas besoin d'avoir raison.* »

— Sandra Manegre

J'ai passé une bonne partie de ma vie à vouloir avoir raison. J'ai compris qui voulait avoir raison : mon ego.

J'ai souvent demandé aux gens ce que voulait dire ce mot. Et, chaque fois, on m'en esquissait une vague définition. Alors j'ai décidé de chercher sa signification. Voici la meilleure définition que j'ai trouvée : **C'est notre façon de nous identifier à ce qu'on a, à ce qu'on fait, ou à ce que les gens pensent de nous.** En d'autres termes, c'est notre façon de nous identifier à tout ce qui est extérieur à nous.

- Si vous parlez avec quelqu'un, et qu'il se valorise par le salaire qu'il gagne : ego.
- S'il se valorise par ce que les gens pensent de lui : ego.
- S'il se valorise par son métier : ego.

Attention, je ne prétends pas qu'on ne puisse pas être fier de son métier ou de son salaire. Mais si on se sent supérieur au voisin parce qu'on gagne 10 000 $ de plus que lui, alors on enfle de l'ego.

Mon ego est un puits sans fond. Il veut toujours plus. Une plus grosse voiture, une plus grosse maison, une plus grosse télé. Et vous savez ce qu'il arrive à me faire croire ? **Que j'ai besoin de ces choses pour être heureux. Il me fait croire qu'en ayant plus, je vais me sentir mieux.**

J'ai longtemps couru après plus de reconnaissance du public, plus de fans Facebook, plus d'argent. Aujourd'hui, j'ai les trois. Et vous savez quoi ? **Je ne suis pas plus heureux.**

Je ne vois aucun mal à posséder de belles voitures, de l'argent ou une grande maison. Au contraire, si ces richesses matérielles vous font plaisir, c'est super. C'est lorsqu'on court après elles en pensant que ça nous rendra heureux, que ça devient néfaste. **En fait, c'est lorsqu'on est accroché au résultat.**

Vous avez déjà sûrement regardé un magazine avec des vedettes hollywoodiennes qui vivent dans de grosses maisons, en vous disant : *Moi aussi, j'aimerais posséder tout cela. Ils ont l'air vraiment heureux, ces gens-là.* **Notre ego veut ce que les autres ont, car il pense les mériter autant.**

Je peux vous assurer que ces gens ne sont pas forcément plus heureux que vous et moi. On a tous été affectés par la tragédie de Robin Williams. Un homme aimé de tous qui possédait de l'argent, la célébrité, une grosse maison, une belle famille épanouie, et pourtant il a mis fin à ses jours. Il avait mal en dedans.

L'image que j'ai de mon ego est comme **un mirage qui se trouve devant ma vue.** Mon ego parle en mon nom en demandant plein de choses. Une fois qu'il les a, et donc qu'il a obtenu satisfaction, il s'en va, et je me retrouve seul devant la réalité. Il y a des dizaines d'exemples pour illustrer cela : « Je veux cette fille dans mon lit. » Et une fois que l'ego a eu ce qu'il voulait, on se retrouve seul en se demandant : *Pourquoi j'ai fait ça ?* Notre ego peut nous dire : *je veux aller plus vite que lui en voiture* et, une fois qu'on eu un accident, on se demande : *Pourquoi ai-je été aussi imprudent ?* L'ego est comme ce défenseur tenace et déplaisant qui se place devant le gardien de but pour lui voiler la vue : il reste là jusqu'à ce qu'on le bouscule.

I Am

Je vous recommande un merveilleux documentaire de Tom Shadyac : *I Am.* Ça raconte son histoire à lui : un réalisateur de renom (*Nigaud de professeur*; *Ace Ventura, détective pour chiens et chats*; *Bruce tout-puissant*; *Menteur, menteur*) qui, après un grave accident de vélo, tombe en dépression. Après quelques années, il se croyait condamné à mourir. Il décide de s'interroger sur le sens de la vie en allant questionner des dizaines de scientifiques et de grands penseurs de ce monde.

Résultat : il vend sa luxueuse propriété de 1600 m^2, se met à rouler en vélo, et emménage dans un camping résidentiel. Il entreprend une existence plus simple et plus responsable... **En fait, il nous encourage à retrouver le lien avec les autres et la nature, et à cultiver l'être plutôt que l'avoir**... Il dit : «Tout part d'une transformation en profondeur de chacun d'entre nous. »

Ceux qui ont vu mon spectacle le savent. Dans un numéro, j'invente qu'un jour j'ai rencontré le dalaï-lama à l'aéroport. Je lui demande ce qu'il dirait à des milliers de gens pour les aider à se sentir mieux avec eux-mêmes. À quoi il répond : «Toi, Jérémy, si tu avais deux minutes et que le monde entier t'écoutait, qu'est-ce que tu leur dirais ? » Voici ma réponse que j'ai écrite avec mon cher ami, Alexandre Douville :

Salut tout le monde, je m'appelle Jérémy. Ça fait 32 ans que j'ai la chance de vivre, et de voir à quel point on est merveilleux. Des fois, ça me rend triste de constater qu'on ne s'en rend pas compte.

On a créé nous-mêmes notre plus grand poison : l'ego.

Vous savez, cette voix dans notre tête qui nous dit qu'il faut toujours être plus : plus beau, plus riche, plus compétitif.

L'ego nous fait vivre souvent dans la peur… la peur du jugement et du rejet, ou la peur de ne pas être aimé.

Mais pourquoi ces peurs existent-elles ? Parce qu'on aimerait plaire à tout le monde, on aimerait savoir ce que l'avenir nous réserve, on aimerait être sûr que tout va bien se passer.

Pis toujours être dans « l'autre » et « après », ça nous empêche de voir à quel point l'ici et maintenant est merveilleux.

On a la chance de vivre.

Et la vie n'est pas une incertitude qui nous apporte des malheurs, mais un mystère qui nous transporte vers du meilleur.

On met tellement d'énergies à refuser, à juger, à se culpabiliser, au lieu de simplement accepter ce qui est, en disant oui !

Oui à ce que j'ai l'air, oui à ce que les autres pensent de moi, oui à une journée de merde, oui à ce que je ressens, oui au vrai contact humain, oui à mes failles de couple, oui à mes hontes, oui à mes peurs, oui à ce que je suis.

J'ai longtemps pensé que le bonheur viendrait de l'extérieur : que je serais heureux le jour où j'aurais une maison, une voiture ou un compte en banque qui fait des petits !

Aujourd'hui, je pense que le bonheur vient de l'intérieur, je pense que le bonheur, c'est d'être bien avec soi.

Parce que si je suis bien avec moi, je serai bien, peu importe ce que j'ai, ou peu importe ce qu'on pense de moi.

Prenons le temps de rire et de dire « je t'aime » aussi souvent que possible. Surtout, soyons ce que nous sommes, soyons nous. Et je nous souhaite sincèrement qu'à partir de maintenant, ça arrête pu d'bien aller.

En bref, je fais taire mon ego pour regarder à l'intérieur.

Chapitre 11

Merci !

« *La reconnaissance est la mémoire du cœur.* »

— Hans Christian Handersen

J'ai toujours un bracelet autour du poignet, où il est écrit : « *I am grateful.* » (Je suis reconnaissant.) Les gens me demandent souvent pour quelle cause. Je leur réponds : « Ma vie. »

La reconnaissance est un des outils les plus puissants que j'ai pu apprendre.

Nous connaissons tous la loi de la gravité qui veut que tout ce qui monte redescende. Pour une raison qui m'est inconnue, il en va de même de la reconnaissance : ainsi, ce que nous donnons attire ce que nous recevons. **Cela signifie que plus nous sommes reconnaissants pour ce que nous avons,**

plus nous recevons davantage. La reconnaissance se résume, en gros, à simplement dire : **merci !**

Presque tous les matins, j'ai adopté ce rituel de remercier pour tout ce que j'ai dans ma vie. Je commence par les gens autour de moi, et puis j'élargis le cercle de tout ce envers quoi je suis reconnaissant :

- Merci pour ma maman, mon frère, ma sœur, ma blonde ;
- Merci pour Sushi (mon chat !) ;
- Merci pour mes relations amicales (je cite mes amis un par un) ;
- Merci pour ma santé ;
- Merci pour ce bon lit qui me permet de dormir paisiblement ;
- Merci pour ce toit qui me tient au chaud ;
- Merci pour toute la nourriture qui abonde dans mon frigo ;
- Merci pour les beaux projets auxquels je participe ;
- Merci pour l'argent que j'attire à moi.

Et je continue comme ça jusqu'à ce que je manque d'inspiration. Ça crée un sentiment de bien-être qui me fait comprendre à quel point je suis privilégié d'avoir tout ce que j'ai. Je vous le redis, car c'est important : **être reconnaissant des bienfaits que l'on a attire encore plus de bienfaits. Et rappelons-nous**

que plus ce sentiment est ressenti, plus nous attirons ce que nous voulons en grande quantité.

Dans nos relations, si nous sommes reconnaissants envers les gens qui nous donnent, ils sont naturellement ouverts à nous en donner plus. La même loi fonctionne avec la vie. **Soyons reconnaissants envers elle, elle nous donnera davantage.** Avant je passais mon temps à demander toujours plus. J'ai constaté que ça cachait une peur du manque. C'est logique. Si je demande plus, je n'ai pas assez. J'envoyais donc à la vie le message d'une peur du manque. Résultat : je vivais des périodes plus creuses.

La reconnaissance suppose de regarder. Parfois juste de regarder. Et de voir à quel point on est privilégié de posséder ce qu'on a. **On a tous quelque chose de quoi on peut être reconnaissant** : un toit, de la nourriture, des amis, de la famille, un animal de compagnie, des vêtements, des bras et des jambes, un cœur qui bat. **La meilleure façon de voir notre vie se transformer est de dire merci pour tout ce que nous avons.**

Avant, je tenais toutes ces choses pour acquises. Je pensais qu'on me les devait. Comme ma santé. Quand j'étais en bonne santé, je n'étais pas reconnaissant pour cette dernière. Pensons-y, le seul moment où l'on se rend compte de son importance, c'est quand on est malade. On est au lit avec de la fièvre, et on se dit : *J'aimerais juste être en santé.* C'est pour cette raison que dorénavant, tous les jours où je me sens bien, je dis « merci pour ma santé ».

Le Dr Wayne W. Dyer nous l'écrit dans son livre *Changez vos pensées, changez votre vie : La Sagesse du Tao* : « Le voyage de votre vie prend une autre direction quand vous manifestez votre gratitude pour tout ce que vous êtes, tout ce que vous accomplissez, et tout ce que vous recevez. »

Remercier les gens

Vous serez d'accord avec moi pour dire qu'on a tous, à un moment ou un autre, besoin des autres. Dans notre travail comme dans notre vie personnelle, une aide extérieure est souvent indispensable. **Pour ce motif, je prends toujours le temps de remercier les gens pour ce qu'ils font pour moi.** Aussi, il m'arrive régulièrement d'envoyer des textos aux gens pour les remercier d'être dans ma vie et de m'apporter autant de bienfaits. Pensez à cinq personnes qui vous apportent beaucoup dans votre vie : soutien, écoute ou amitié. Envoyez-leur un message pour leur témoigner votre reconnaissance. Il y a de fortes chances que vous leur fassiez du bien et que vous receviez un beau message en retour, mais surtout notez comment vous vous sentez en le faisant.

J'ai également appris à remercier tous les gens qui, de près ou de loin, font de ma vie un monde meilleur à un endroit précis. Par exemple, dans les toilettes publiques, si je croise un homme ou une femme d'entretien, je les remercie pour leur travail, qui me permet d'aller aux toilettes dans des conditions vraiment agréables.

Les bonnes choses apparaissent grâce à la reconnaissance

J'ai même appris à dire merci pour ce que je veux, mais que je n'ai pas encore. Ça peut sembler bizarre comme processus, mais ça fonctionne ! Au lieu de montrer de l'impatience quand je n'ai pas ce que je désire, je ferme les yeux, j'imagine que je l'ai et je dis merci. Pour une raison inconnue, ça l'attire à moi. **Ce qui revient à dire qu'on a juste besoin de ressentir qu'on a déjà les choses pour les attirer à nous.**

En intégrant la reconnaissance dans notre vie, dans nos cellules et dans notre esprit, notre vie change du tout au tout.

En bref,
je dis merci
pour tout.

CHAPITRE 12

Avant de mourir, je veux…

« *Il est dur d'échouer; mais il est pire de n'avoir jamais tenté de réussir.* »

— Franklin Delano Roosevelt

« *Ce n'est pas parce que les choses sont difficiles que nous n'osons pas, c'est parce que nous n'osons pas qu'elles sont difficiles.* »

— Sénèque

Un jour, on m'a posé cette question : « Quand tu auras 85 ans, qu'est-ce que tu veux avoir accompli ? » Aujourd'hui je vous la pose.

Vous avez sûrement vu le film *Maintenant ou jamais* (*Sans plus attendre* en France, ou *The Bucket List* aux États-Unis). Il relate l'histoire de deux hommes atteints d'un cancer incurable, qui se retrouvent dans la même chambre d'hôpital. Ils décident de dresser une liste de tout ce qu'ils aimeraient faire avant de mourir. **Selon moi, c'est la liste qu'on devrait tous faire.**

Quand je rencontre de nouvelles personnes, je leur demande souvent si elles font ce qu'elles veulent vraiment. Beaucoup me disent qu'ils auraient aimé devenir écrivain, chanteur ou autre chose que le métier qu'ils exercent. Ça me fait toujours penser à la fameuse chanson *Le Blues du businessman* écrite par Luc Plamondon, qui raconte l'histoire d'un homme d'affaires richissime qui explique qu'il est malheureux, car il aurait aimé faire autre chose, souhaitant être un artiste.

« Alors pourquoi tu n'essaies pas ? » que je demande.

Et là, toutes sortes d'excuses ressortent : « Je suis trop vieux ; j'ai une sécurité avec mon salaire ; j'ai une famille ; ça ne marchera jamais. » Toutes des excuses tout à fait valables. **Mais si tu n'essaies pas dans la vie, tu ne sauras jamais si tu avais raison.** Trop de gens font un métier qu'ils n'aiment pas. Ayons le courage de chercher et de réaliser ce que nous désirons profondément. Durant un discours, l'acteur Jim Carrey explique qu'il a appris beaucoup de choses de son père, et la plus importante est celle-ci : « Beaucoup de gens échouent à faire quelque chose qu'ils n'aiment pas, alors pourquoi ne pas essayer de réussir quelque chose que l'on aime. »

Tout est accessible si on le veut vraiment

L'autre jour, j'ai rencontré un homme très sympathique. Il me disait qu'il aimerait savoir jouer de la guitare. Je lui ai proposé d'en acheter une et d'apprendre. Il m'a répondu : « C'est déjà fait. J'ai suivi des cours, mais après un mois, j'ai arrêté parce que je trouvais ça trop difficile, et ça me faisait mal aux doigts. »

Rien n'est facile. C'est évident que certaines personnes ont plus de facilité à apprendre que d'autres, mais **on a tous ces mêmes qualités en nous qui sont le courage, la détermination, la persévérance et la volonté.** Mon cher ami Jeremy Bretignière m'a souligné qu'il existe plus de gens qui n'ont pas de don et qui ont réussi grâce à leur détermination que de gens qui ont un don, mais qui ont abandonné rapidement par peur de l'échec.

Walt Disney a dit que **la différence entre réussir et échouer tient dans le fait de ne pas abandonner.** Les enfants sont d'ailleurs là pour nous le rappeler. **Un bébé tombe mille fois sur les fesses avant de faire ses premiers pas.** Vous imaginez si les enfants se disaient : *Ça me fait trop mal aux fesses, je pense que je vais arrêter d'essayer.* On marcherait tous à quatre pattes !

Si on y croit vraiment, c'est une question de temps

Il y a quelques mois, j'ai décidé que je voulais apprendre à jouer du piano.

Après un mois, j'ai arrêté par manque de temps. Ma blonde m'a demandé : « Comment ça va, le piano ? » J'ai répondu : « J'ai pas le temps d'en jouer. » Elle m'a dit ces mots si justes : « C'est faux. Tu as le temps. Seulement tu ne le prends pas. » Elle avait raison. On a souvent le temps, mais on ne prend pas le temps. J'ai alors décidé de me lever une heure plus tôt chaque matin pour jouer du piano. **En vérité, on trouve toujours le temps pour les choses qu'on veut vraiment.**

Quand je suis arrivé au Québec il y a 10 ans, je n'avais rien extérieurement : pas d'amis, pas de famille, pas d'argent ni de carrière, mais j'avais ce rêve intérieur de vivre de mon art. J'aurais pu trouver des excuses, ou des raisons de ne pas le faire. J'ai douté, j'ai pleuré, j'ai perdu espoir, mais je n'ai jamais arrêté et aujourd'hui je vis mon rêve.

Peu importe ce que nous voulons vraiment faire ou être : nous n'avons pas d'excuses, à part d'essayer 1000 fois avant d'abandonner !

En bref,
je fais ce que je
désire vraiment.

CHAPITRE 13

Le plein de positif

« *La plus grande révolution de notre génération est la découverte que les êtres humains peuvent transformer leur vie en changeant simplement de mentalité.* »

— WILLIAM JAMES

Voici une des phrases les plus importantes que j'ai eu le privilège de lire dans ma vie : **Nos pensées gouvernent tout.**

Si on pense à de belles choses, on se sent bien. Si on se sent bien, on agit bien. Si on agit bien, on crée de belles choses. C'est aussi simple que ça.

On a souvent entendu parler de « la pensée positive ». C'est même devenu un peu cliché. C'est pourtant une réalité. **Notre vie dépend de notre façon de penser.**

Dans *L'Art du calme intérieur : À l'écoute de sa nature essentielle*, Eckhart Tolle le dit très bien : « Votre malheur ne vient pas de votre condition de vie, mais du conditionnement de votre esprit. »

On vit dans un monde assez négatif et à force de le côtoyer, on se nourrit de ce négatif. La preuve en est que la vente des journaux augmente considérablement sitôt qu'un drame survient. **J'ai pris conscience de ceci : me mettre des choses négatives dans l'esprit me fait ensuite parler de ces choses négatives, et donc je crée encore plus de négatif.**

En tant qu'humoriste, si je présente un spectacle devant 600 personnes qui rient, et que, tout d'un coup, j'aperçois un individu dans la troisième rangée, les bras croisés, qui ne rit pas, je pense juste à lui. Ce qui provoque en moi de la frustration. **C'est d'ailleurs prouvé que le négatif reste plus dans notre esprit que le positif.**

Il faut savoir que l'être humain est génétiquement programmé à être négatif et méfiant, car du temps qu'il vivait dans des cavernes, il devait se défendre des animaux sauvages. Au fil des siècles, notre cerveau a tellement été conditionné à entendre et à voir de mauvaises choses qu'il est plus difficile de discerner le positif.

S'éloigner du négatif

C'est pour cela que j'ai décidé de m'écarter du négatif aussi souvent que possible. Par exemple, je ne participe plus aux commérages que j'entends autour de moi. Je ne crois plus une rumeur que j'entends tant que je n'ai pas discuté avec la personne touchée. J'essaie de ne plus juger les gens.

Je suis conscient que mon propos peut en choquer certains, mais aujourd'hui, je regarde très rarement les nouvelles à la télévision et je lis très peu les journaux. La raison est simple : la majorité des nouvelles sont négatives, et je ne veux plus m'alimenter de choses négatives. Certaines personnes me disent qu'il est important d'être conscient de toutes ces choses horribles qui arrivent dans le monde. Je leur réponds que **je suis conscient que ces choses arrivent, mais je choisis de me concentrer sur les belles choses. C'est différent.**

Plus jamais

Il y a quelques mois, un ami me dit qu'il a vu une vidéo qui vient de l'Inde. Un homme est tombé dans l'enclos d'un gros tigre. Il me dit : « Tu vas voir, le tigre mange l'homme ! » Sans réfléchir, j'ai visionné cette vidéo. Résultat, je me suis senti mal toute la journée. Puis, je me suis créé encore plus de mal-être en parlant de ça à d'autres, et je vous en parle aujourd'hui. Et tout ça pourquoi? Sans raison. Aussi ai-je décidé de ne plus jamais regarder ce genre de vidéo.

L'histoire des loups

Un matin, un vieux chef indien raconte à son petit-fils l'histoire suivante : « Un combat a lieu tous les jours à l'intérieur de moi, un combat terrible entre deux loups. L'un est mauvais : il ne connaît que le regret, la tristesse, l'arrogance, la colère, l'envie, la culpabilité, le ressentiment et l'égoïsme… L'autre est bon : il connaît la paix, la joie, l'amour, la chaleur, la douceur, l'espoir, la confiance, la bienveillance et la générosité… Le même combat a lieu en toi-même et à l'intérieur de tout le monde. » Le petit-fils réfléchit pendant quelques minutes puis demande à son grand-père : « Quel loup remporte le combat ? » Le vieux chef indien répond simplement : « Celui que tu nourris. »

En bref, je prends l'habitude de penser positivement.

CHAPITRE 14

Le régime mental

> « *Vous commencez à vivre pleinement lorsque vous prenez conscience que chaque moment consacré aux idées noires est une pure perte de temps.* »
>
> — RUTH E. RENKL

J'ai compris que de me sentir bien revient à contrôler mon esprit.

L'auteur Emmet H. Fox a écrit la brochure *Régime mental pour sept jours* (traduction de *The 7-Day Mental Diet*), où il explique l'idée de passer sept jours sans cultiver une seule pensée négative.

Créer une nouvelle habitude

Nous sommes tellement conditionnés à penser au pire qu'il est difficile de naturellement penser positivement. Sauf **qu'à force de penser consciemment de façon positive, on entraîne notre cerveau et notre esprit à changer.**

Mon ami Jeremy Bretignière m'a suggéré l'idée de **créer une nouvelle habitude dans mon esprit.** Voyez-vous, nous pensons négativement, car nous avons pris l'habitude de penser négativement. Il suffit d'en prendre conscience pour changer cette habitude. Ainsi, chaque fois que je prends conscience que j'ai une pensée négative, je la change pour une positive. En faisant ça je conditionne mon esprit à devenir plus positif.

Je peux vous garantir que les pensées négatives agissent sur tout le reste. Je le répète, nos pensées gouvernent tout, elles influent sur tout : notre énergie, notre posture, notre façon d'interagir avec les autres.

Dans son ouvrage *L'Éveil de votre puissance intérieure*, Anthony Robbins explique que la plupart des gens qu'il connaît qui ont connu beaucoup de succès partagent une règle essentielle : **ne jamais passer plus de 10 % de ton temps sur un problème, et passer au moins 90 % de ton temps sur la solution.**

Au lieu de penser au problème, pensons à la solution. « Qu'est-ce que cela peut nous apporter ? Qu'est-ce que nous allons apprendre dans ce processus ? Peut-être la patience, l'ouverture d'esprit, la compassion. » **Tout problème a le pouvoir de nous faire grandir si on arrive à voir le bon côté.**

* * *

Je vous lance le défi de vous soumettre au régime mental d'Emmet Fox. Rappelez-vous que pendant les sept prochains jours, vous vous concentrerez uniquement sur le positif. Quand vous commencez à penser négativement, changez immédiatement pour une pensée positive, pensez simplement à une solution.

Je peux vous assurer qu'à la longue, ce régime va vous rendre plus calme, plus fort, plus ouvert; naturellement, de plus belles choses vont vous arriver.

Si on change nos pensées, on change le courant de notre journée, et donc de notre vie. Et comme on a un impact les uns sur les autres, on change la vie des autres.

Le gobelet de dollars

J'ai longtemps pensé de façon négative. Naturellement, je passais beaucoup de temps à me plaindre. Un jour, j'ai décidé d'arrêter et voici comment je m'y suis pris. J'ai trouvé un grand gobelet de plastique, sur lequel j'ai écrit : *Un dollar par plainte.* Je me suis dit qu'à chaque fois que je me plaindrais, je mettrais un dollar dans le verre. Une fois rempli, je donnerais celui-ci à quelqu'un qui en a besoin. Figurez-vous que je ne l'ai jamais rempli, même pas d'une pièce. J'ai donc cessé de me plaindre à propos de tout.

Aujourd'hui, dès que j'ai une pensée négative, je tente de la remplacer par une pensée positive. Et plus je m'y adonne, plus j'entraîne mon esprit à pencher vers le positif.

En bref,
je remplace mes
pensées négatives
par des pensées
positives.

CHAPITRE 15

Le choix

> « *Tu dois faire un choix dans tout ce que tu fais, alors garde en tête qu'à la fin, le choix que tu fais te définit.* »
>
> — JOHN C. MAXWELL

Comme je le disais au chapitre 14, nous pouvons choisir nos pensées. Plusieurs médecins ont même déjà lancé l'hypothèse qu'on peut choisir la santé au lieu de la maladie. En d'autres termes, on est responsable de ses maladies. Je trouve ça sensé. Quand je regarde les gens autour de moi, je me rends compte que les gens négatifs sont beaucoup plus malades que les individus positifs.

Nous avons toujours le choix. Dans toutes nos situations de vie, nous avons le choix. Rien ne nous est imposé dans la vie. On s'impose les choses. Combien de fois par jour dites-vous « faut que » ? Moi je le disais très souvent. Ces mots impliquent une obligation, ce qu'on n'a pas le choix de faire, comme : il faut aller travailler, il faut faire le ménage, il faut déblayer la cour.

Dans *Les mots sont des fenêtres (ou des murs) : Introduction à la communication non-violente*, Marshall B. Rosenberg nous explique : « Quand nous employons un langage qui nous oblige à faire les choses avec des termes comme "il faut" ou "je suis obligé", notre comportement est conditionné par une impression vague de culpabilité, de devoir ou d'obligation. »

En réalité, il ne faut rien. Nous avons le choix de le faire ou non.

J'ai appris qu'une simple modification de la formulation change l'état d'esprit dans lequel on se trouve. **Si on change « il faut que » par « je veux » ou « je souhaite », alors notre raison de faire les choses change, et par conséquent notre émotion aussi.**

Admettons que nous ayons une pile de vaisselle dans notre évier. Nous disons donc : « Il faut que je fasse la vaisselle. » Comme c'est une obligation, nous ressentons sûrement de la frustration ; il s'ensuit que nous risquons de mal nous acquitter de cette tâche et surtout de passer un mauvais moment. Si nous changeons notre perception et notre formule pour « Je souhaite faire la vaisselle », alors l'acte correspond à un choix, ce qui peut engendrer un sentiment de joie.

Tant de fois, dans ma vie, j'ai dit à quelqu'un : « T'as l'air en forme. » Mais cette personne a répondu : « Il le faut ! » Il ne faut rien. On a le choix de se maintenir en forme ou de négliger l'exercice. On peut le faire ou pas. « Il ne faut pas » manger, boire ou respirer : c'est un choix qu'on fait, car on veut vivre ; et vivre en santé, ne pas devenir anémique ou anorexique.

La vie devient plus légère quand on ne se sent plus obligé de faire les choses.

Tout est question de choix, tout

Alors que j'étais sur le point d'entamer ce chapitre, un ami m'a raconté un épisode de sa vie qui m'a touché. Ce dernier a un fils de 18 ans qui ne sait pas très bien ce qu'il veut faire dans la vie. Comme beaucoup de jeunes de son âge, il n'a pas d'argent, donc il a décidé de vivre chez son père. Mon ami n'a aucun problème avec ça, à la condition que son fils trouve un job afin de se prendre en main. Son fils n'a pas envie de dénicher un emploi. Donc, mon ami est frustré d'avoir un fils qui « ne veut pas se prendre en main ».

Il y a peu de temps, nous parlions de la situation, et mon ami m'a dit qu'il avait décidé de lâcher prise et de l'accepter. Il m'a confié : « Après tout, c'est pas grave qu'il n'ait pas de job. C'est son choix. Au moins, je passe du temps de qualité avec mon fils. » **Il a tout simplement fait le choix de changer sa vision des**

choses et donc de se sentir de manière différente. Sa situation perdure, mais elle n'a plus d'emprise sur lui.

À mes enfants, prise 1

Si un jour j'ai des enfants, j'aimerais leur apprendre cette notion de choix. J'aimerais leur enseigner qu'ils ont le choix de faire ce qu'ils veulent en comprenant que chaque choix aura une conséquence sur leur vie. Au lieu de les punir, j'aimerais leur dire dès leur jeune âge : « T'as le choix de pas finir ton assiette, mais ça se peut que tu aies faim » ; « tu as le choix de boire et conduire par la suite, mais sache que ça se peut que tu te blesses et que tu blesses d'autres personnes à cause de ce choix » ; « tu as le choix de mal manger et de ne jamais faire de sport, mais ça aura des conséquences sur ton corps » ; « tu as le choix d'être gentil ou méchant, gentleman ou mal élevé, poli ou impoli ».

En bref, j'ai toujours le choix.

CHAPITRE 16

Quel est mon talent?

« *Il y a deux jours importants dans une vie. Celui où tu nais et celui où tu comprends pourquoi.* »

— MARK TWAIN

« *La plus grave erreur que les gens font est de ne pas essayer de gagner leur vie en faisant ce qu'ils aiment.* »

— MALCOLM S. FORBES

On s'est tous posé cette fameuse question : *Si je gagnais un million, qu'est-ce que je ferais ?* La plupart des gens à qui je la pose commencent par : « Je quitterais mon travail. »

Je connais trop peu de gens qui exercent une profession qui les passionne.

J'ai eu la bonne fortune, à un jeune âge, de trouver ce que je voulais faire, et je peux imaginer que ça doit être très difficile de constamment se demander ce qu'on veut faire.

Mais la bonne nouvelle, c'est que c'est possible. Si certains ont été capables de trouver, alors vous le pouvez aussi. La vraie question est : comment ?

J'ai conscientisé que chaque métier est fait pour aider quelqu'un d'autre… Pompier, médecin, avocat, plombier ou éboueur… peu importe le métier que vous allez nommer, il aide d'autres gens. Bref, **chaque métier répond à un besoin.** C'est pour cela qu'il est important de trouver un métier qui nous anime : pour contribuer au monde de façon joyeuse !

Comme nous l'explique le Dr Deepak Chopra, dans son livre *Les Sept Lois spirituelles du succès : Demandez le bonheur et vous le recevrez,* **on possède tous un talent, un don qui nous est propre.** Nous pouvons ainsi mettre ce talent au service des autres. Deepak Chopra explique qu'au lieu de nous poser la question *Que peut me rapporter ceci ?*, nous devrions nous demander : ***Comment puis-je aider ?*** Alors, nous saurons comment offrir notre talent. Peu importe s'il y a des gens meilleurs que nous dans notre domaine, si nous avons trouvé notre talent, je crois que c'est de notre devoir de l'utiliser le mieux que nous pouvons pour le mettre au service du monde.

Ça se peut même que vous le fassiez déjà sans vous en rendre compte. Je parlais de ça avec la designer d'intérieur Marie-Christine Lavoie. Elle anime l'émission de télé *Design V.I.P.*, où elle entre chez des vedettes et rénove une pièce de façon spectaculaire. Au départ, elle voyait cela comme du design, mais après de nombreux témoignages de gens qui lui écrivaient pour lui expliquer qu'elle leur avait fait un bien fou en rénovant, **elle a compris qu'elle ne faisait pas que rénover, elle les aidait aussi à se sentir mieux à un niveau plus profond.**

On n'oubliera jamais le grand humoriste Yvon Deschamps, parce qu'en plus d'être drôle et subtil, il voulait passer des messages sociaux au moyen de ses monologues. **Ainsi, je pense qu'il n'avait pas seulement l'intention de faire rire, mais également d'élever notre conscience sociale.** Je crois que grâce à notre profession, nous pouvons nous demander en quoi nous pouvons améliorer le monde dans lequel nous évoluons.

En bref,
je trouve mon
talent qui va
aider les autres.

CHAPITRE 17

Je ne suis pas...
j'agis comme...

> « *Bien parler est bon, mais bien agir est beaucoup mieux.* »
>
> — ANDRÉ VANTOMME

J'ai un ami qui a tendance à ne jamais me rappeler. Voici ce que j'entends régulièrement de sa part : « Je te rappelle dans cinq minutes » ou « je te confirme ça demain ». Finalement, il ne donne jamais de nouvelles avant deux semaines ! Et tout d'un coup, il revient à la vie comme si de rien n'était.

Au début, je me disais que c'était irrespectueux de sa part, ensuite j'ai pensé que je n'étais pas assez important pour lui. J'ai donc vécu plusieurs émotions comme la frustration et la déception.

Un jour, j'en ai parlé à ma psychologue qui m'a expliqué que **ce que nous sommes et la façon dont nous agissons sont deux choses différentes.**

J'ai donc compris que ce n'était pas lui, mais sa façon d'agir qui me tracassait. J'ai pu changer mes sentiments vis-à-vis de cette situation. J'ai décidé ensuite de lui faire part de son comportement et de mes anciens ressentis par rapport à ça. Il a fait le choix de ne rien y changer. Alors est venue la question : *Est-ce comme cela que j'envisage mon amitié avec lui?* J'ai décidé que non. Je le considérais comme un « très bon ami » et aujourd'hui je le perçois comme un ami que je prends du plaisir à voir quand c'est le temps.

Pour résumer, si ça vous arrive :

- Je prends conscience que la personne n'est pas cela, elle agit comme ça.
- Je change ma perception relative à cela.
- Je lui fais part de la situation et lui révèle comment je me sens.
- Je prends une décision : dois-je maintenir ce type de relation avec cette personne, ou la modifier ?

Nous ne sommes pas nos agissements

Un ami m'a raconté que son fils est venu le voir pour se confesser. Il lui a expliqué qu'il avait dépensé beaucoup d'argent pour acheter de la drogue et qu'il se trouvait vraiment stupide. Son père lui a répondu qu'il n'était pas stupide, mais plutôt qu'il avait agi de façon stupide. Il lui a alors énoncé sa règle des trois « A » que je trouve extraordinaire.

La voici : **Accepter – Assumer – Améliorer.**

J'accepte ce que j'ai fait, je l'assume en prenant mes responsabilités et je décide d'améliorer la situation pour ne plus jamais reproduire le comportement suspect. **Il n'y a pas d'erreurs, il n'y a que des apprentissages.** À nous de les voir et de vouloir évoluer.

Les messages restent dans la tête dès l'enfance

Un ami m'a raconté qu'à 10 ans, il avait cassé une fenêtre avec une roche. Sa mère lui a crié après de la sorte : « Je ne suis pas contente de toi. Tu es stupide. Je ne veux pas avoir un enfant stupide. » Vingt ans plus tard, alors qu'il faisait une thérapie, il s'est rendu compte qu'il avait grandi avec l'idée qu'il était stupide, ce qui a eu un impact énorme sur sa vie.

Au stade de l'enfance, nous croyons tout ce que les adultes nous disent. **C'est là qu'on voit à quel point la parole est puissante.** Bien évidemment, sa mère ne savait pas que ses paroles auraient des répercussions aussi importantes ; on ne peut donc pas la blâmer. Personnellement, j'aime apprendre de cet épisode. Sa mère aurait sans doute pu lui dire que c'était sa

façon d'agir qu'elle trouvait stupide, pas lui. Ça aurait
sûrement changé la suite des choses.

En bref,
je ne suis pas mes
agissements, mais
j'apprends d'eux.

CHAPITRE 18

Le jugement

> « *Ce qui trouble les hommes, ce ne sont point les événements, mais les jugements qu'ils portent sur les événements.* »
>
> — PIERRE DAC (André Isaac)

P ar définition, le jugement est l'action de se faire une idée sur quelque chose ou quelqu'un sans savoir vraiment de quoi on parle.

La plupart de nos jugements viennent de notre cadre de référence, d'une expérience passée ou de rumeurs qu'on entend. Je travaille dans un milieu où en tant qu'artiste public, je suis constamment jugé : par les gens du milieu, le public et les critiques. J'ai beaucoup jugé. Et je me suis beaucoup trompé. Je me suis souvent fait juger et on s'est souvent trompé à mon sujet. Quand j'en ai pris conscience, j'ai décidé d'arrêter (ou plutôt de diminuer, car il m'est encore difficile de ne jamais porter de jugement).

« Qui suis-je pour juger ? »

C'est une phrase que j'ai souvent entendue, mais j'ai mis du temps à vraiment la comprendre. Voici ma réponse : « Je ne suis pas cette personne. »

Les gens agissent de telle ou telle façon pour une raison valable propre à eux à un moment donné. Et seule la personne en question connaît cette raison.

Laissez-moi vous donner un exemple tiré de ma vie. Un jour, je venais de finir un show, et après 30 minutes de photos et d'autographes, j'ai décidé d'aller boire un verre avec un ami dans un bar près de la salle. Arrivés dans le bar, nous avons rencontré un groupe de personnes avec qui nous avons sympathisé et passé le reste de la soirée.

Il faut savoir que dans un bar, il arrive parfois que des gens me reconnaissent et m'abordent pour me signifier leur appréciation de mon travail. Je tiens à préciser que j'adore cela. J'aime me connecter aux gens. C'est grâce à eux que j'exerce ce beau métier et j'en suis très conscient. C'est pour cela que je prends toujours le temps de leur parler. Cela dit, certaines de ces personnes (souvent sous l'influence de l'alcool) m'approchent avec un manque de tact. Pour que vous vous en fassiez une image, non seulement ils entrent dans ma bulle, mais ils me sortent de ma propre bulle !

Ce soir-là, j'ignore pourquoi, mais beaucoup de ces gens sont venus me parler, tellement qu'après deux heures dans le bar, je me sentais agressé et j'ai décidé de sortir prendre l'air. Mon ami et les gens avec qui on a passé la soirée sont venus me rejoindre dehors. Ils ont proposé d'aller manger une poutine. Comme je me sentais encore mal, je leur ai répondu que je préférais être seul et ne plus m'exposer à d'autres gens.

Une des filles du groupe a tout de suite réagi par ces mots blessants : «Tu te prends pour qui? Tu n'es pas Mick Jagger.» Elle s'est ensuite mise à rire, et elle s'est écartée du groupe en riant de moi d'un air complaisant. Elle me voyait comme un type prétentieux.

En y repensant, j'ai compris qu'elle m'a jugé pour mon attitude à un moment précis. Elle ne sait pas que j'ai eu une journée éreintante, que je viens de faire un spectacle de deux heures, que j'ai consacré une demi-heure à une séance de photos, et qu'ensuite j'ai passé deux heures à me sentir agressé. Elle, tout ce qu'elle voit, c'est un gars qui exprime le souhait raisonnable d'être seul, car les gens l'importunent, ce qui peut bien sûr paraître arrogant. Je suis certain que si elle s'était mise à ma place, elle aurait compris. Le lendemain, j'en reparlais avec mon ami Jeremy. Il m'a aidé à comprendre que **lorsqu'on juge une personne, on la juge souvent sur un comportement qu'elle a**

à un moment précis, sans essayer de comprendre pourquoi elle agit de cette façon.

On a beaucoup commenté dans les médias l'incident qui a mis Joël Legendre sur la sellette. Certaines personnes se sont demandé : *Pourquoi a-t-il fait ça ? Comment peut-on agir ainsi ?* Une fois de plus : qui sommes-nous pour juger cet homme sur ses actes ?

Chaque individu a son vécu : l'endroit où il est né, l'éducation qu'il a reçue, les événements qui lui sont arrivés, les gens qu'il a fréquentés. Toutes ces choses forment la personne que nous sommes, comme notre façon de parler, de penser et d'agir. **C'est pour ça qu'on ne peut pas juger quelqu'un, car on n'a pas vécu ce qu'il a vécu.** Joël a agi de cette façon à ce moment-là pour une raison qui lui est propre. A-t-il répondu à une impulsion ou était-ce un acte prémédité ? Était-ce la façon appropriée d'agir ? Lui seul peut répondre et personne d'autre.

Notre ego nous dit qu'en jugeant, on va se sentir supérieur à l'autre, mais c'est une illusion. La vie n'est pas une compétition, alors pourquoi dépenser du temps et de l'énergie à se comparer aux autres ?

C'est pour cette raison que j'ai décidé de cesser de juger. Je me suis rendu compte qu'à toujours analyser les choses et les gens, un grand brouhaha envahissait mes neurones. Je vous encourage à renoncer vous aussi à émettre des jugements. Si vous n'y arrivez pas d'un coup, essayez à petites doses. Je vous promets que vous vous sentirez plus léger.

Et si j'étais à sa place…

En France, nous avons la chance d'avoir le grand auteur-compositeur Jean-Jacques Goldman, qui a composé, entre autres, plusieurs magnifiques chansons pour Céline Dion. Cet homme a écrit et interprété la merveilleuse chanson *Né en 17 à Leidenstadt*. En voici deux couplets :

Et si j'étais né en 17 à Leidenstadt

Sur les ruines d'un champ de bataille

Aurais-je été meilleur ou pire que ces gens

Si j'avais été Allemand ?

Bercé d'humiliation, de haine et d'ignorance
Nourri de rêves de revanche

Aurais-je été de ces improbables consciences

Larmes au milieu d'un torrent

Jean-Jacques Goldman nous parle ici des deux guerres mondiales en Allemagne. Goldman, qui est lui-même Juif, se met à la place des Allemands, et se demande s'il aurait réussi à résister aux idées d'Hitler. **Il admet donc l'idée qu'il aurait très bien pu agir comme eux s'il avait été à leur place.**

Je sais que c'est un sujet très sensible et croyez-moi, je me sens touché par ces guerres. Mon grand-père juif a été capturé par les Allemands pendant la Seconde Guerre mondiale. Par chance, il a réussi à s'évader sinon je ne serais pas né.

Selon notre vision à nous de l'Occident, Hitler a commis le crime le plus horrible qui soit, mais en son for intérieur, même si c'est difficile pour moi d'imaginer comment on peut en arriver là, ce qu'il a fait devait être justifié, sinon il n'aurait pas entrepris un génocide. Je me dis qu'il a dû subir des influences à un moment donné pour agir ainsi.

En bref, au lieu de juger, j'essaie de comprendre.

Chapitre 19

Je suis fabuleux!

*« Je n'ai pas besoin d'être ce que les autres
veulent que je sois. Et je n'ai pas peur d'être
ce que je veux être et de penser ce que je
veux penser. »*

— Muhammad Ali

Mon gérant utilise souvent cette expression :
« Je suis fabuleux. »

Avant, quand je l'entendais dire, je
trouvais la formule arrogante et je me disais : *Il exagère
un peu, il se prend pour qui ?* Je pense que c'est la
réaction de beaucoup de monde à l'écoute d'un tel
énoncé. **Quand on entend ça, on a l'impression que
ça nous enlève quelque chose à nous, que ça nous
diminue.** On se dit : *S'il se prétend fabuleux, il se place
au-dessus de moi.* Alors qu'en réalité, ce n'est pas le
cas. Affirmer « Je suis fabuleux » ne revient pas du tout

à dire : «Je suis meilleur que toi.» **Le fait qu'il soit fabuleux ne m'empêche pas de l'être aussi.**

∗ ∗ ∗

J'ai appris que les mots «Je suis» sont très puissants. Tout ce qu'on met derrière ces deux mots détermine notre façon d'être, de penser et d'agir, car notre subconscient les considère comme vrais.

En fait, tout notre être réagit à ce que nous pensons de nous.

J'ai plusieurs amis qui se dénigrent continuellement. Je les entends toujours dire : *Je suis mauvais, je suis stupide, je suis laid.* J'ai même un ami qui dit souvent de lui : *Je suis un tas de marde.* Et vous savez quoi? Il a raison. **Nous sommes ce que nous pensons de nous.** Si nous répétons constamment que nous ne sommes pas intéressants ou sans intérêt, alors ça va s'incruster dans notre inconscient et nous allons agir, penser et être ce que nous pensons de nous.

Les autres nous voient comme on se voit

Dans *L'homme qui voulait être heureux*, Laurent Gounelle avance que peu importe à quoi ils ressemblent, les gens ressentent non pas ce qu'ils voient, mais ce qui se dégage d'eux. **Et qu'est-ce qui se dégage de nous? Ce que nous croyons sur nous.** Mon ami humoriste P-A Méthot est l'exemple que j'aime citer le plus souvent dans ce cas de figure. C'est un homme d'un certain poids qui, dans notre société où le paraître a une telle importance, pourrait se comparer et se dénigrer constamment. Ce n'est pas son cas. Il s'aime et se répète souvent qu'il est fier de lui. Et vous savez quoi ? Ça paraît ! Il dégage une confiance et une beauté magnifique.

L'inverse est aussi vrai. J'ai une amie qui a tout pour elle : elle est belle, intelligente, talentueuse et drôle. Elle aimerait trouver un homme avec qui fonder une relation sérieuse. Pourtant, chaque fois qu'elle rencontre un candidat, elle tient ce discours : « Il ne restera pas avec moi, car je suis juste une fille en attendant. » Il n'est guère étonnant qu'elle le soit, car c'est ce qu'elle pense d'elle. Pourquoi ne pas changer sa façon de parler d'elle en disant : « Je suis confiante que ma relation dure, car je mérite d'être aimée » ?

La confiance augmente quand on se sent fier

On a tous de quoi être fiers de nous tous les jours, et s'en rendre compte nous donne confiance. Il existe un outil assez puissant qui aide à cela.

Avant de se coucher, il est recommandé de repenser à la journée qui vient de passer et de noter trois choses qu'on a accomplies dont on peut être fier. Il peut s'agir de n'importe quoi comme d'avoir cédé le passage à un automobiliste, ou d'avoir généreusement donné de l'argent à une personne démunie dans la rue. Bref, n'importe quoi qui nous rende fier de nous.

Il est conseillé de revoir ses bons coups pendant plusieurs mois, afin de créer de nouvelles habitudes dans notre esprit. Nous pouvons le faire avec un ami proche ou un conjoint afin de le dire à haute voix, et ainsi d'en faire un moment de partage.

À mes enfants, prise 2

Comme notre subconscient réagit à ce qu'on met derrière les mots « Je suis », il existe une méthode très puissante que j'aimerais un jour appliquer avec mes enfants.

On suggère de se prêter à l'exercice avec eux le soir avant de se coucher, à ce moment où leur subconscient est le plus ouvert. Demandez-leur de répéter ce que vous dites, juste après vous : « Je suis confiant. Je suis aimant. Je suis généreux. Je suis formidable. Je suis intelligent. » Et continuez l'énumération jusqu'à un manque d'inspiration. J'ai entendu raconter qu'une femme avait souvent fait répéter à son fils « je suis un génie » et que les résultats ont été incroyables. Ses notes à l'école ont augmenté de façon considérable.

Je nous encourage à faire la même chose pour nous et surtout à prendre conscience de ce que nous disons à notre sujet.

Si nous avons le pouvoir de nous sentir triste, frustré ou déçu, nous avons également le pouvoir de nous sentir heureux, confiant et puissant. Il suffit de se valoriser par des mots puissants.

En bref, je suis fabuleux !

CHAPITRE 20

Le pouvoir des mots

« Les mots possèdent un grand pouvoir; ils peuvent tout aussi bien créer un moment que le détruire. »

— SUSAN GALE

Comme je l'ai mentionné au chapitre précédent, le choix des mots est primordial dans la façon de nous sentir et de faire se sentir les autres. Anthony Robbins le dit très bien dans *L'Éveil de votre puissance intérieure* : « Simplement en changeant notre vocabulaire, on peut changer notre façon de penser, de se sentir et de vivre. »

Diminuer les émotions négatives

Anthony Robbins explique que sans le savoir, nous associons les mots à des sensations et à des images. Par exemple, lorsque nous décrivons un moment de notre journée en disant que « c'était l'enfer », inconsciemment, nous associons ces mots à une image de l'enfer. Si nous disons « je suis brûlé », inconsciemment nous nous voyons en train de brûler avec la sensation qui va avec.

Pour remédier à ce phénomène, **il est recommandé de déterminer des mots ou des expressions qui vont alléger l'émotion négative.** Avant, quand j'étais empêtré dans une discussion conflictuelle où je ressentais de la frustration, j'aurais dit : « Je suis furieux contre toi. » Aujourd'hui, je diminue mon émotion négative en utilisant un terme beaucoup plus léger. Je dis donc : « Je suis titillé. » Instantanément, je ressens moins de frustration et ça se peut même que l'autre personne me trouve drôle. La conséquence est vraiment bénéfique pour notre bien-être et la discussion qui nous anime. **De la même façon, on nous recommande d'augmenter nos émotions positives par le recours à des mots plus puissants.** Au lieu de dire que « j'ai passé une belle journée », pourquoi ne pas mettre l'accent sur : « J'ai passé une journée merveilleuse » !

Les mots que l'on utilise ont un effet profond sur notre expérience de la réalité et un impact sur notre entourage.

« J'aurais dû »

Combien de fois par semaine dites-vous « j'aurais dû » ? En général, on utilise cette formulation quand on repense à un événement passé qui n'a pas eu le résultat voulu : « J'aurais dû aller lui parler pour lui dire de ne pas faire ça. » On se dit souvent qu'on aurait dû agir différemment dans une situation passée. Or, nous oublions que sur le moment, nous avons agi de la façon qui nous paraissait la plus cohérente ; alors pourquoi le regretter par la suite ?

De plus, le fait de dire « j'aurais dû » crée obligatoirement un conflit à l'intérieur de nous. Se sentir coupable d'avoir agi de la mauvaise façon n'aide en rien à régler la situation. À la place, acceptons que nous nous sommes trompés, et disons-nous que si la situation se représente, nous saurons comment agir. Ainsi, ce n'est plus une erreur, mais un apprentissage.

En bref, je choisis mes mots.

Supposons que votre mari parle toujours de lui et que ça vous irrite ; alors peut-être que vous avez tendance vous aussi à être égocentrique.

Pour nous faire du bien, nous devons faire part des détails qui nous dérangent, car **nous sommes les seuls responsables de nos émotions.**

Dans cette optique, les enfants sont de merveilleux maîtres, car ils disent ce qu'ils ressentent sans mettre de gants blancs. **En grandissant, par peur du conflit, ou en croyant que ce n'est pas nécessaire, on garde les choses pour nous.**

Plus jeune, j'étais ami avec un homme qui n'arrêtait pas de me rabaisser. Je me disais que c'était normal et pas si grave finalement. Pourtant, il m'arrivait de converser seul : je m'imaginais en train de lui révéler le fond de ma pensée à propos de lui. J'ai appris qu'**il est très sain de vouloir exprimer aux autres ce qu'on ressent.** Même si ça risque d'être désagréable au début de la conversation, car nous extériorisons les émotions négatives, il s'ensuit souvent des mots d'amour l'un pour l'autre, qui nous font sentir beaucoup mieux par la suite.

Je le redis, **nous sommes les seuls responsables de nos émotions.** J'entends très souvent des gens dire : « il me frustre quand il me parle comme ça » ou « son comportement m'a déçu ». Ce sont deux affirmations erronées. On devrait dire : « je suis frustré quand il

CHAPITRE 21

Le lâcher-prise

« Que la force me soit donnée de supporter ce qui ne peut être changé et le courage de changer ce qui peut l'être, mais aussi la sagesse de distinguer l'un de l'autre. »

— MARC AURÈLE

Ê tes-vous frustré quand quelque chose n'arrive pas comme vous vouliez que ça arrive? Ça a été mon cas pendant les 32 premières années de ma vie.

Notre ego s'attache à certains résultats et nous dicte comment les choses devraient se passer. J'ai compris cela il y a peu de temps. Je me suis rendu compte que j'avais un grand besoin de contrôle sur les gens et les choses. Et derrière ce besoin de contrôle, se terraient des peurs.

Puis il m'est arrivé un voyage : à Bali. J'avais l'habitude d'adhérer à des voyages tout compris, où il n'y aucune question à se poser à part : « À quelle heure on mange ? » Mais cette fois-là, on m'a proposé de partir au bout du monde sans le moindre plan. J'avais peur, mais j'ai accepté, j'ai dit oui à l'aventure. J'ai vécu le plus beau voyage possible, et surtout ça a changé ma destinée. En me laissant guider par la vie, je suis allé de place en place, de rencontre en rencontre, le plus naturellement et simplement du monde. C'est là-bas, sur cette île indonésienne, que j'ai compris que ma peur de l'inconnu était irréelle. En fait, à part les peurs physiques (comme se mettre la main dans l'eau bouillante), j'ai intégré le principe que **toutes les peurs sont des illusions de notre esprit.** Rappelez-vous toutes les fois où vous avez eu peur de ce qui n'est pas arrivé.

J'éprouve moi-même une grande frayeur des requins depuis que j'ai vu le fameux film *Les Dents de la me*r. Chaque fois que je me baigne dans l'océan, mon esprit me fait croire qu'un requin pourrait arriver. Et je le crois ! **On croit aux peurs qu'on se crée. C'est ce qu'on appelle une aliénation de notre mental.**

Ces peurs indues nous paralysent et nous obsèdent tellement qu'on en perd le sens de la vie : **être heureux.**

La solution à nos peurs reste le lâcher-prise. D'ailleurs, je pense que c'est la solution à tous nos maux. Nous avons tous constamment des soucis ou des problèmes qui surviennent dans nos vies. Et on tend à s'accrocher à ces problèmes. On y pense, on les ressasse dans notre esprit, on stresse ; bref, on leur donne beaucoup de pouvoir. Mais en y réfléchissant bien, si nous sommes encore en vie, c'est que la plupart de nos problèmes passés se sont résolus, non ? Alors, pourquoi leur donner autant d'importance quand ils surviennent ? C'est évident que c'est plus facile à dire qu'à faire, mais au moins la conscience de ce phénomène peut nous aider.

Se fixer des buts tout en étant détaché des résultats

Je crois qu'il est utile de se fixer des objectifs, mais de ne pas y être attaché. Supposons que votre but soit de gagner 50 000 $ par année. Que vous y arriviez ou pas, ça ne doit pas affecter votre bien-être. Si c'est le cas, alors lâcher prise semble nécessaire.

Pour savoir si on manque de lâcher-prise, c'est simple. Regardons comment on se sent quand on veut quelque chose ou quelqu'un. Si on ressent un sentiment d'urgence ou d'empressement, **ça signifie que cette chose ou cette personne a du pouvoir sur nous** ; on est alors accroché à notre objectif. Dans ce cas, **notre ego arrive à nous faire croire qu'en ayant ça, on va être plus heureux.**

Je nous encourage à avoir des millions de désirs, mais comme l'a dit Bouddha, *c'est l'attachement à nos désirs qui nous rend malheureux.* Pour résumer cette pensée, on pourrait dire : **désire tout, mais n'aie besoin de rien.**

Si on est capable de rester joyeux même si on n'obtient pas ce que l'on souhaite, alors on expérimente le lâcher-prise.

That's good !

J'ai rencontré un homme merveilleux à Bali, prénommé Tony. C'est un homme qui rayonne de bonheur, de joie et d'amour.

Tony a ouvert un restaurant dont le concept est fabuleux : un buffet à aire ouverte où les gens arrivent, se servent eux-mêmes, puis en fonction de ce qu'ils ont mangé, ils laissent de l'argent dans un pot qui se trouve la table. Pour vous donner une idée, chaque cuillerée de nourriture coûte environ 30 cents.

Cet homme m'intriguait beaucoup par sa sagesse. Alors je lui ai demandé : « Comment fait-on pour lâcher prise ? » Il m'a répondu : « Regarde autour de toi, ce restaurant est à aire ouverte. Les gens peuvent entrer et sortir comme ils le veulent. S'ils désirent venir la nuit pour me voler, ils peuvent le faire. Je lâche prise. J'ai déjà vu quelqu'un me voler un pot rempli d'argent. Un jour je lui en reparlerai peut-être, mais pour l'instant, *that's good.* »

C'est une expression qui lui est très familière : « ***That's good.*** » Peu importe ce qui arrivait ou ce qu'on lui disait, il répondait : « *That's good.* » J'avais déjà entendu parler du concept du lâcher-prise, mais je ne l'avais jamais vraiment ressenti. Aujourd'hui, quand les choses n'arrivent pas comme prévu, je dis : *That's good !*

Merci, Tony…

*En bref,
je désire tout,
mais je n'ai
besoin de rien.
That's good.*

CHAPITRE 22

Le pardon

« *Le pardon n'est pas un service qu'on rend à l'autre : il permet de ne pas vivre dans la vengeance, mais en paix avec soi-même.* »

— ÉMILE SHOUFANI

« *Il n'y a pas de plus grand cœur au monde que le cœur qui pardonne.* »

— BENOÎT LACROIX

C omme nous sommes constamment en relation les uns les autres, il y a matière à vivre des conflits.

J'ai intégré le pardon à mes valeurs il y a quelques années quand un homme, que je trouvais bon et sympathique, a écrit un blogue Internet à mon sujet, en expliquant que j'avais copié des blagues. Il me comparait à un violeur d'enfants, et ajoutait que si un violeur habitait dans le quartier, les gens aimeraient être au courant. Quand j'ai lu ça, naturellement, j'ai été blessé. Pendant plusieurs semaines, j'ai entretenu beaucoup de haine à son égard, et je vous avoue que j'ai même songé à me venger. Puis, un hasard de la vie m'a amené à lire sur le pardon. J'ai appris une magnifique leçon : **Les gens qui nous causent le plus de difficultés sont aussi nos plus grands maîtres.**

Lorsqu'on entretient de la haine envers quelqu'un, on se fait mal à soi-même. Pensez à la dernière fois où vous avez crié contre quelqu'un dans le trafic, où à la dernière dispute que vous avez eue avec votre conjoint. Comment vous sentiez-vous ? Vous avez sûrement ressenti votre respiration accélérer et votre température augmenter ; bref, il y avait sans aucun doute un malaise.

Ayant compris cela, j'ai décidé d'appeler la personne qui m'avait décrié dans son blogue :

« Salut, c'est Jérémy.

— Salut.

— Je voulais te parler de ce blogue que tu as fait sur moi.

— Oui.

— J'imagine que tu as fait ça parce que je t'ai blessé, et pour cela, je m'excuse, ce n'était pas mon intention. Maintenant, je voudrais que tu saches ceci : que tu regrettes ou non ton geste, je te pardonne. »

Je peux seulement vous décrire ce que j'ai ressenti quand j'ai raccroché : comme si une grosse ampoule éclatait et faisait sortir du pus au niveau de mon plexus. Ce fut une délivrance incroyable. J'ai relâché un poids énorme qui me pesait depuis longtemps. En faisant ça, je me suis surtout fait du bien à moi. Je remercie d'ailleurs l'homme en question, car grâce à lui, j'ai appris le pardon en le ressentant vraiment. Je ne sais pas s'il y a une après-vie, mais une chose est sûre, je ne veux pas quitter ce monde sans avoir réglé mes conflits.

Un des outils les plus puissants

Depuis que je fais un métier public, je me suis rendu compte que peu importe ce qu'on réalise, il y aura toujours des gens pour nous critiquer et en redire sur notre travail. Je l'ai compris le jour où j'ai entendu Véronique Cloutier révéler qu'elle avait des détracteurs sur sa page Facebook. Je me suis demandé comment une femme aussi pétillante, gentille et généreuse pouvait susciter de la haine ou du moins de l'animosité.

Avant j'entrais dans des débats interminables avec des gens au sein de réseaux sociaux. Aujourd'hui, c'est terminé ! Dès qu'on m'écrit un message négatif, je réponds avec amour, je pardonne et je passe à autre chose.

J'ai surtout appris à avoir de la compassion pour eux, car **les gens heureux ne perdent pas leur temps à faire mal aux autres.** Les intervenants frustrés sont certainement remplis de souffrance et de douleur, et ça les mène à agir avec haine, rancœur et violence. C'est leur façon d'exprimer le mal qui les habite. **Derrière ces actions réside souvent un appel à l'aide.**

Une histoire de pardon

Un ami m'a raconté une histoire qu'il a vécue avec son frère. Je l'appellerai Romain par souci de confidentialité.

Romain et son frère étaient très proches l'un de l'autre. Un jour, son frère lui a piqué sa copine dans son dos. Depuis, les deux ne se parlent plus du tout. Son frère a essayé de rentrer en contact avec lui une fois, mais Romain n'a pas accepté. Quand il m'a parlé de ça, j'ai vu deux versants à l'histoire : d'un côté, il n'arrêtait pas de me répéter que son frère avait commis l'irréparable, qu'il ne lui pardonnerait jamais, et surtout qu'il pouvait très bien vivre sans lui. D'un autre côté, Romain me confiait qu'il adorait sa relation avec son frère et qu'il était triste de ne plus le voir. J'ai écouté sans rien dire jusqu'au moment où il m'a demandé ce que j'en pensais. Voici ma réponse :

« Pardonne-lui, c'est le plus beau cadeau que tu peux te faire. Ton frère n'est pas stupide, il a agi de façon stupide. La frustration et la rancune que tu ressens t'empêchent de passer à autre chose et de vivre une vie heureuse. Le fait de lui pardonner ne signifie pas que tu vas oublier, ça signifie que tu ne laisseras plus cet incident pourrir ta vie, tu vas te libérer. Même si ton frère est tout à fait fautif dans cette histoire, tu veux lui pardonner pour retrouver ta relation avec lui et l'amour qui va avec. Et puis, on a tous droit à une seconde chance. »

Pardonnez pour vous faire du bien

Si vous êtes en conflit avec quelqu'un, vous ressentez sûrement de la haine, de la colère ou de la frustration envers cette personne. Même si vous vous faites accroire que vous vivez bien avec ça, je présume que ça vous ronge de temps en temps, ce qui fait que vous n'êtes jamais libre. En pardonnant à cette personne, vous vous faites le plus beau cadeau : retrouver votre liberté.

De plus, si nous gardons des sentiments négatifs à l'intérieur de nous, la loi de l'attraction attirera d'autres expériences désagréables en vibration avec nos émotions.

Par écrit

Je peux comprendre qu'il est souvent difficile d'exprimer notre ressenti aux autres. Dans ce cas, nous pouvons écrire une lettre (que nous décidons d'envoyer ou non par la suite) à la personne intéressée. Même si nous ne l'envoyons jamais, cette lettre a pour but de nous décharger de nos émotions négatives afin de nous en libérer.

En bref, je pardonne pour me délivrer.

CHAPITRE 23

Au cas où

« On gagne sa vie avec ce que l'on reçoit, mais on la bâtit avec ce que l'on donne. »

— WINSTON CHURCHILL

Nous vivons dans un monde matériel, et il est assez difficile de résister à l'envie de consommer. **On est bombardé de publicité partout, ce qui nous pousse à croire qu'on a certains besoins.** En réalité, on s'est inventé un besoin constant de consommer.

Je suis un peu « bipolaire » par rapport à tout ça. Il m'arrive d'acheter des choses qui ne me sont pas vraiment utiles sur un coup de tête, alors que d'autres fois, je prends du temps pour acheter des choses utiles, en me demandant si j'en ai vraiment besoin. Lorsque j'ai emménagé dans mon appartement, ma blonde m'a suggéré d'acheter deux tables de nuit. Croyez-le ou non, ça a pris deux ans avant que j'en achète. Je ne trouvais pas cela nécessaire.

Comme beaucoup de gens, j'ai tendance à accumuler les biens matériels et surtout à les garder «au cas où». Si vous êtes comme moi, vous avez un placard rempli de choses au cas où. Si vous fouillez dans cet endroit, j'imagine que vous allez trouver de vieux cellulaires, des fils emmêlés, de vieilles lunettes, des CD, une vieille affiche, des déguisements que vous n'avez pas mis depuis cinq ans; bref, beaucoup de choses que vous avez décidé de mettre là au cas où.

Au cas où quoi?

Il y a peu de temps, je me suis posé la question suivante : *Au cas où quoi?*

En réalité, cela n'arrive jamais. «Au cas où» se métamorphose souvent en «j'avais oublié que j'avais mis ça là!»

Il vaut mieux s'en débarrasser et donner ces biens qui ne servent plus à des gens qui vont en faire bon usage. Sinon, les choses restent et s'accumulent de plus en plus, et de plus en plus longtemps. **Quand on y pense, rien ne reste à nous. On emprunte les choses pour un certain temps. Tout ce qui nous appartient nous quittera pour appartenir à un autre,** alors pourquoi s'y accrocher autant?

Un matin, j'ai décidé de procéder à un ménage. Croyez-le ou non, j'ai rempli trois sacs de plusieurs kilos de choses qui ne m'avaient pas servi depuis au moins trois ans. J'en ai ressenti un profond soulagement, et j'ai ainsi compris que **le fouillis représente un poids mental pour moi.**

J'ai toujours été envieux des bureaux de grands patrons dans les films. Vous savez, le grand bureau « avec rien dedans ». Juste un bureau avec un ordinateur, un téléphone et un agenda. J'ai donc décidé de créer ce genre d'environnement. **J'ai compris que faire de la place dans mon bureau crée de l'espace dans mon esprit.** En me débarrassant de tous les dossiers, stylos, photos ou livres qui peuvent traîner, je me donne la possibilité d'être plus concentré sur une seule chose quand je travaille, et donc ça me permet d'être plus productif.

Le portefeuille

J'ai ensuite décidé de faire de même dans mon portefeuille. Si vous êtes comme moi, votre portefeuille est rempli de papiers au cas où, comme : une carte de bibliothèque qui a à peine servi, des cartes de promotion de restaurant périmées, des cartes de visite de gens dont on ne se rappelle même plus, ou une carte de fidélité d'un magasin d'habits où on est allé une fois. **Ouvrons-le et demandons-nous ce qui nous sert vraiment régulièrement, le reste n'a rien à faire là, à**

part de nous faire croire que nous allons l'utiliser à un moment qui n'arrivera pas.

Se débarrasser du vieux pour faire place au nouveau est un principe qui marche pour beaucoup d'autres choses. Au début de ma relation actuelle, j'ai constaté que je pensais encore à mon ancienne blonde. J'ai dû faire le ménage dans mon esprit pour être capable de m'investir totalement.

En bref,
je garde juste
ce qui est
nécessaire.

CHAPITRE 24

Je connecte
à mes émotions

« *Exprimer ses émotions, c'est comme enlever les nuages noirs devant le soleil pour laisser pousser les fleurs.* »

— TANYA SÉNÉCAL

L e jour où on m'a annoncé la mort de mon père, je me rappelle très clairement ce qui s'est passé en moi : je me suis coupé de mes émotions. Mon cerveau a dit à mon cœur : *O. K., ça fait trop mal de vivre ça ; dorénavant, on ne ressentira plus les émotions négatives.*

C'est d'ailleurs ce qui se passe pour plusieurs d'entre nous. **Quand on vit un traumatisme, on se coupe d'une partie de nous-mêmes.**

Il faut savoir aussi que j'ai grandi dans une famille où les gens n'ont jamais appris à communiquer leurs émotions les uns aux autres. J'ai ainsi grandi dans un environnement rempli d'amour certes, mais avec beaucoup de non-dits. Et vous savez comme moi ce qui se passe quand on n'exprime pas ses sentiments : on accumule du ressentiment, de la rancune, de la frustration ou de la déception. Ce processus se fait petit à petit, jusqu'au jour où tout éclate d'un coup. **Je pense que c'est pour cela que tant de familles, de couples, d'amis ou de collègues se séparent**.

Le couple

Prenons l'exemple d'un couple. Il est évident que ce n'est pas toujours facile de vivre avec quelqu'un d'autre, car on a chacun nos façons de voir les choses. La plupart des gens que je connais accumulent les reproches sans les exprimer, du moins à leur partenaire, jusqu'au jour où ils se disent qu'ils feraient mieux de se séparer. Ils sont convaincus que l'autre personne ne correspond pas à leurs attentes, et qu'ils trouveront mieux ailleurs. Ils vont ailleurs, et les mêmes problèmes reviennent. Pourquoi d'après vous ? **Parce que le problème vient souvent de nous.**

Selon moi, le couple est le meilleur moteur d'évolution qui existe, car l'autre représente un miroir de ce qu'on est. **J'ai d'ailleurs appris que ce qui nous irrite chez l'autre fait souvent partie de nous.**

me parle comme ça» ou «je suis déçu quand il se comporte ainsi». Il est trop facile de rendre les autres responsables de nos émotions.

Nul n'est responsable de notre bien-être

J'ai longtemps pensé que ma copine était responsable de mon bonheur. Donner la responsabilité de notre bonheur à autrui revient à dire que sans cette personne, nous sommes condamnés à être malheureux. **Nous sommes les seuls et uniques responsables de notre bien-être.** Certes, l'autre peut contribuer et nous aider à nous sentir mieux, mais il n'est aucunement responsable de nos beaux sentiments. D'autre part, si nous ne sommes pas heureux, il ne tient qu'à nous d'y remédier.

Nos émotions nous font évoluer

Dans sa conférence *Live with Passion!* (Vivez votre passion!), Tony Robbins nous explique que nos sentiments sont la conséquence de croyances créées par notre esprit. **Si nous comprenons notre émotion, ainsi que la croyance qui l'accompagne, nous pouvons arrêter notre aliénation mentale.**

Imaginons que je me sente frustré contre ma blonde qui m'assigne toujours des tâches ménagères. Je peux me demander pourquoi je me sens ainsi. Ça se peut que je me sente contrôlé par elle. Bien entendu, à la fin je me rends compte que c'est une croyance que je me suis créée, car en réalité, elle ne me contrôle pas du tout. Je peux même aller plus loin en me disant qu'elle partait d'une bonne intention en me confiant des tâches qui ne sauraient attendre. Ainsi, ma croyance et mon sentiment disparaissent en même temps.

En bref,
mes émotions
me guident.

CHAPITRE 25

Je communique pour me faire du bien

> « *La communication est une science difficile. Ce n'est pas une science exacte. Ça s'apprend et ça se cultive.* »
>
> — JEAN-LUC LAGARDÈRE

> « *La chose la plus importante en communication, c'est d'entendre ce qui n'est pas dit.* »
>
> — PETER DRUCKER

J'ai toujours pensé que je savais communiquer. Mais en réalité, je l'ai appris à l'âge de 30 ans et c'est un des plus beaux cadeaux que j'ai pu me faire. Pour cela, j'ai lu le livre *Les mots sont des fenêtres* de Marshall B. Rosenberg. Si comme moi vous n'avez jamais appris à bien communiquer, c'est le meilleur ouvrage que je puisse vous recommander. Il nous apprend à **communiquer pour ne plus être en contact avec nos insatisfactions.**

Pour vous résumer rapidement sa méthode, voici les quatre composantes de la communication non-violente : **observations-sentiments-besoins-demandes.**

M. Rosenberg explique, et je cite : « On observe d'abord un comportement concret qui affecte notre bien-être. On réagit ensuite à ce comportement par un sentiment. On cerne les besoins ou désirs qui ont éveillé ce sentiment, et on demande à l'autre des actions concrètes qui contribueront à notre bien-être. » **On remarque que dans cette approche, on parle toujours au « je », ce qui fait que l'autre ne se sent pas attaqué et donc reste ouvert à notre demande.**

Prenons un exemple concret. Vous êtes en couple, et pour vous, la propreté est primordiale, mais votre partenaire de vie n'y accorde aucune importance. Vous rentrez le soir et vous voyez ses chaussettes et ses jeans à terre. Si on se fie à la communication non-violente, vous pourriez dire :

« Y'a des affaires partout (**observation**). Je me sens frustré quand c'est le bordel dans la maison (**sentiment**). J'aurais besoin de propreté dans nos aires communes (**besoin**). Pourrais-tu respecter cela et ranger tes affaires, s'il te plaît (**demande**)? »

En adoptant cette attitude, vous avez pris conscience de votre sentiment et de votre besoin, et vous l'avez exprimé à l'autre. Rendu là, l'autre a l'option de répondre à votre besoin, pour ainsi contribuer à votre mieux-être.

Certaines pourraient me répliquer : « Si malgré ça, mon chum n'a pas envie de ranger, que puis-je faire ? » C'est son choix. **Votre mission est de satisfaire vos propres besoins.** Dans ce cas, votre besoin est la propreté, donc plusieurs choix s'offrent à vous : ou vous rangez vous-même, ou vous vivez avec ça, ou vous engagez une femme de ménage, ou vous décidez de rompre.

Comme l'écrit James Van Praagh dans son roman *Ces histoires inachevées* : « L'une des leçons les plus difficiles à assimiler est que vous ne pouvez pas gouverner les actes ou les motivations d'autrui. »

Le rendez-vous hebdomadaire

Quand on est en couple et qu'on passe du temps ensemble, il est possible qu'on multiplie les initiatives qui déplaisent à l'autre, ou vice versa. Au lieu d'accumuler, il est conseillé d'exprimer les regrets ou désaccords pour ne pas laisser ces frustrations nous contrôler. J'ai entendu un jour un conseil qui m'a été précieux : **un rendez-vous hebdomadaire avec sa conjointe pour exprimer les frustrations de la semaine.** En ce qui me concerne, c'était le dimanche.

Il est important de toujours commencer l'échange par du positif, comme : « Chérie, tu es fabuleuse. Je suis chanceux de t'avoir dans ma vie, et j'espère que ça va durer le plus longtemps possible. Maintenant, j'aimerais te dire ce qui m'a dérangé ces jours-ci... »

J'ai suivi ce précieux conseil et je l'ai fait religieusement avec ma conjointe tous les dimanches pendant plusieurs semaines. À cela, nous avons ajouté le bâton de parole. Les Indiens utilisaient ce système à l'époque. Quand ils se réunissaient pour parler de différentes choses, celui qui avait le bâton en main était le seul à prendre la parole, pendant que les autres devaient s'efforcer de l'écouter sans dire un mot. Si comme ma blonde vous avez tendance à couper la parole de l'autre, car vous réagissez à ce que les autres disent, alors c'est peut-être un bon outil pour vous. Bien entendu, vous n'êtes pas obligés d'avoir un bâton, vous pouvez utiliser n'importe quel objet.

Croyez-moi, ce qui en sort est très bénéfique. J'ai appris à écouter mon amoureuse sans lui couper la parole, à comprendre comment elle se sent et surtout, j'ai appris à ne plus cultiver de ressentiment intérieur.

Les deux ont raison

Quand on argumente avec quelqu'un, c'est qu'on pense avoir raison, et on veut donc prouver son point.

J'ai compris ce principe très important : **peu importe la personne avec qui vous êtes en conflit, elle a autant raison que vous.** Comprenez que même si la personne qui vous fait du trouble vous semble insensée, elle agit comme elle le fait pour des raisons qui lui semblent très valables. **Chaque personne réagit comme elle le fait selon ses antécédents culturels, familiaux, sociaux ou économiques.** Si vous êtes actuellement impliqué dans un conflit, dites-vous ceci : si vous étiez l'autre personne, avec ses antécédents et sa façon de penser, vous réagiriez exactement comme elle en ce moment.

Souvent, la grosse erreur qu'on commet, c'est d'éviter la confrontation. Au lieu de cela, on se raconte une histoire, avec notre version des faits. Il arrive même que pour consolider notre vision du conflit, on en parle à d'autres personnes qui naturellement ont notre version de l'histoire, tout à fait particulière et toute relative. Plus on la raconte, plus on croit fermement à notre propre histoire et plus on entretient de mauvais sentiments à l'égard de l'autre. C'est un cercle vicieux sans fin.

C'est pour cela que pour cultiver une relation saine et honnête, les deux parties se doivent

d'exprimer leurs sentiments et leurs besoins à l'autre.

Communiquer m'aide à avoir une relation saine avec les autres, mais surtout avec moi-même. Car si je n'exprime pas mes insatisfactions, je suis seul à les vivre.

En bref,
je connecte à mes
émotions pour
voir mes besoins,
et je les exprime.

CHAPITRE 26

La loi de l'attraction

« *Je ne sais pas ce qu'est ce pouvoir ; tout ce que je sais, c'est qu'il existe.. »*

— ALEXANDER GRAHAM BELL

« *Vous êtes un aimant vivant. Ce que vous attirez dans votre vie est en harmonie avec vos pensées dominantes.* »

— BRIAN TRACY

Il existe plusieurs lois connues dans l'univers, comme la loi de la gravité, qui ont été prouvées scientifiquement. En voici une qui n'a jamais été prouvée, mais qui marche tout aussi bien : **la loi de l'attraction.**

Pensez à ce que vous voulez, avec les sentiments qui vont de pair, et vous l'attirerez.

Il est important de savoir que ça fonctionne pour toutes nos pensées, positives ou négatives. Je le redis : la vie nous donne exactement ce qu'on demande. En pensant à ce qu'on ne veut pas, on attire ce qu'on ne veut pas. Si on dit : « Je ne serai pas capable de payer ma maison », alors la vie nous donne exactement ce que nous demandons et nous allons continuer d'être incapables de la payer.

Certains vont me dire qu'il est difficile de penser à l'abondance quand on est couvert de dettes. Certes, mais c'est pourtant notre porte de sortie la plus efficace. **Concentrons-nous sur ce que nous voulons.**

Le métaphysicien Joe Vitale explique **qu'on attire tout ce qui est dans notre vie.**

Ainsi, il nous arrive à tous de vivre des journées de merde où rien ne va : il n'y a plus d'eau chaude dans le réservoir, nous manquons notre autobus, la toilette déborde. Il est fort probable que si on s'examine, on se rend compte que de mauvais sentiments nous habitent.

Quoi qu'il arrive, nous voulons vivre des sentiments positifs la majeure partie du temps, car ils génèrent des expériences positives.

Dans son livre *Le Pouvoir*, Rhonda Byrne, l'auteure du *Secret,* nous explique que même notre façon de réagir à l'égard de nos désirs et de nos aspirations revêt son importance. **Il nous arrive d'envier la personne** qui possède un bien ou une vertu qu'on souhaite acquérir. Ce sentiment négatif nous empêche alors d'obtenir l'objet de nos désirs.

Supposons que nous rêvions de trouver le partenaire idéal ou la partenaire hors pair. Nous devons entretenir uniquement de belles pensées relatives à tout ce qui se rapporte à ce rêve. Par exemple, si nous voyons un couple heureux dans la rue, au lieu de l'envier, soyons heureux pour lui. En fait, si nous voulons le succès d'un autre, soyons heureux de son succès.

L'impact de nos sentiments

C'est prouvé que nos sentiments ont un impact énorme sur les autres.

Le scientifique Masaru Emoto a réalisé une expérience très intéressante. Il a mis du riz recouvert d'eau dans deux verres différents. Ensuite, tous les jours, pendant un mois, il a dit « merci » à un verre et « tu es un idiot » au deuxième. Après un mois, le riz qui avait reçu des remerciements quotidiens a commencé à fermenter en donnant un arôme suave, alors que le riz du second verre est devenu noir.

Contrairement à nous, le riz n'est même pas vivant, et les paroles méchantes ont entraîné une conséquence néfaste sur lui. Alors, **imaginons l'impact éventuel de nos sentiments négatifs sur des êtres vivants comme nos enfants, nos amis, nos collègues et surtout sur nous-même.**

Comment changer nos pensées?

L'exercice qu'on nous recommande est de transformer nos émotions négatives en émotions positives. Mais comment? Soit en pensant à quelque chose qui nous procure du bien-être, ou plus simplement en prenant conscience de nos pensées négatives afin de les remplacer par des positives.

Peu importe ce qu'on veut créer, avoir ou être, il suffit de le voir dans notre imagination et de nourrir le plus beau sentiment qui corresponde à cette vision.

Martin Luther King Jr l'a très bien dit: «Monte la première marche de la foi. Tu n'as pas besoin de voir tout l'escalier, monte simplement la première marche.»

Notre travail ne consiste pas à savoir comment on va y arriver, mais à savoir où on veut aller. Le moyen se révélera de lui-même.

Ce qui est magique avec cette loi, c'est qu'elle marche autant pour notre carrière que pour nos relations ou notre santé.

En bref,
j'attire à moi
proportionnelle-
ment à ce que
je ressens.

CHAPITRE 27

Le pouvoir de l'argent

> « Il existe une psychologie secrète de l'argent qui est inconnue de la plupart des gens. Cela explique leur insuccès sur le plan financier. Le manque d'argent n'est pas le véritable problème; il est simplement le reflet de ce qui se passe en eux. »
>
> — T. HARV EKER

> « L'état actuel de votre compte bancaire n'est rien de plus que la manifestation de votre état d'esprit passé. Si vous voulez vraiment changer ou améliorer votre situation, vous devez commencer à penser différemment, et vous devez le faire dès maintenant. »
>
> — BOB PROCTOR

L'argent est un outil bien utile pour réaliser un tas de choses, mais pourtant, j'ai l'impression que la majorité des gens entretiennent un sentiment négatif à son égard. Dans la plupart des pays, c'est même tabou d'en parler. En France comme au Québec, j'ai rencontré beaucoup de gens qui envient ceux qui en ont beaucoup.

Je pense que tout ça vient de l'éducation qu'on a reçue. J'ai grandi avec la peur constante de manquer d'argent. J'ai donc demandé à ma mère comment mon père se comportait envers l'argent, et elle m'a expliqué que mon père avait constamment peur d'en manquer, quand j'étais petit. Même s'il en avait assez, il continuait d'avoir peur.

De son côté, mon oncle a grandi avec une mère qui redoutait toujours un manque pour ses enfants. Or, il a extrêmement bien réussi dans les affaires, tellement qu'il aurait pu cesser de travailler il y a des années. Pourtant, en lui parlant, je me suis aperçu qu'il avait une crainte dans la vie : que ses enfants manquent de quelque chose.

Il y a de fortes chances que notre relation à l'argent ressemble à la relation de nos parents avec le leur. Ainsi, nous voulons déterminer et remplacer notre mauvaise conception de l'argent. Regardons le discours que nous tenons par rapport à l'argent et changeons-le par des images positives comme des visions de succès financier. Nous pouvons nous répéter (en ressentant l'émotion inhérente) une phrase comme : « L'argent est un moyen magnifique pour réaliser mes rêves. Je l'attire à moi en grande quantité facilement et rapidement. »

Naturellement, à moins de gagner à la loterie, la fortune ne va pas se présenter devant notre porte comme par magie. Pour l'obtenir, nous devons agir avec discipline et travailler, mais à force de répéter des affirmations positives, nous allons effacer au fur et à mesure les mauvaises images que nous avons entretenues à propos de l'argent et ainsi favoriser sa venue dans notre vie. **Rappelons-nous que le succès financier débute dans notre esprit.** Si nous croyons que nous le méritons, il affluera dans notre vie à un moment ou à un autre.

Peu importe la somme d'argent que nous avons à la banque, ce qui importe vraiment, c'est le sentiment que nous nourrissons à son égard.

Dans *Le Pouvoir*, Rhonda Byrne nous explique de nouveau que la solution au manque à gagner est d'aimer ! Elle explique que l'amour est la force qui attire l'argent. Elle nous conseille de trouver des moyens pour nous sentir bien quand nous payons des factures de téléphone ou d'électricité : « Éprouvez de la gratitude et remerciez l'entreprise qui vous les a envoyées en pensant à quel point vous avez profité de ses services. » En fait, elle nous conseille de ressentir de l'amour lorsqu'on paye quoi que ce soit.

Quel bon prix!

Je fais partie des gens qui disent régulièrement que « c'est cher! » quand je paye. On dirait que c'est devenu un réflexe. À quoi ça sert de dire cela? De toute façon, j'ai choisi de le payer si j'acquiers ce bien. Ça provoque seulement un conflit à l'intérieur de moi. J'ai donc décidé de modifier mes sentiments face à cela. C'est pour cette raison que maintenant, peu importe ce que je décide d'acheter, je dis : « Quel bon prix! » Je ressens de la reconnaissance pour le service rendu, et je défraie l'argent requis avec grand plaisir! Petit à petit, ça me permet d'entretenir de meilleurs sentiments à l'égard de l'argent et d'en attirer plus. Car rappelons-nous que **c'est toujours les sentiments qu'on a par rapport à quelque chose qui font qu'on en attire encore plus.**

En résumé, tout sentiment négatif à propos de l'argent ou autre chose que nous désirons l'éloigne immédiatement de nous. À l'inverse, si nous désirons attirer quelque chose, il nous suffit de ressentir des sentiments comme la joie, la reconnaissance ou l'amour à son sujet. Toutes ces perceptions positives font de nous de véritables aimants pour attirer tout ce que nous voulons.

En bref, j'entretiens de merveilleux sentiments vis-à-vis de l'argent.

Chapitre 28

Les petits changements font une grande différence

« *Le succès est la somme de petits efforts, répétés jour après jour.* »

— Leo Robert Collier

Notre corps est phénoménal et extraordinaire. On le remplit de tant de mauvaises choses, mais il continue de fonctionner malgré tout pendant une moyenne de 80 ans. Pensez-y. **Il n'existe aucune autre machine qui fonctionne aussi longtemps et aussi bien.** J'ai longtemps négligé mon corps, car je n'avais pas pris conscience de ce qui était bon pour lui. Mais depuis peu, j'ai établi de beaux changements. J'ai commencé à manger des fruits avec régularité, à boire au moins un litre et demi d'eau par jour, j'ai changé le lait de vache pour du lait d'amande. J'ai même commencé à faire du yoga dernièrement. Aujourd'hui, plus je me conscientise, plus je change de petites choses régulièrement dans mon existence.

Les petites choses

J'ai un bon ami qui souffre d'apnée du sommeil. Ce trouble se caractérise par une perturbation de la respiration qui interrompt le sommeil. Il m'a expliqué que son médecin lui conseillait d'acheter une machine pour mieux respirer la nuit. Pour lui, c'est inutile.

« Qu'est ce que ça va changer à ma vie ?

— Du meilleur sommeil.

— Je ne me sens pas fatigué. »

C'est sûr que cet appareil ne changerait pas sa vie du tout au tout, mais ça l'améliorerait sans doute un peu.

L'équilibre acidobasique

Il y a trois ans, j'avais des problèmes de digestion. Je ressentais des brûlures à l'estomac. J'ai donc décidé de changer mon alimentation et d'apprendre à adopter une alimentation plus équilibrée. Donc d'équilibrer les groupes chimiques acides et basiques dans mon corps. Par exemple, si nous mangeons de la viande (acide), il est conseillé de manger quatre fois plus de verdure (basique) pour compenser.

Tous les aliments qui viennent de la terre comme la salade, l'avocat, le concombre et les carottes sont basiques. Les autres, comme la viande, le poisson et les œufs, sont acides. Je vous invite à vous renseigner à ce sujet, car depuis que j'ai changé de régime alimentaire, je n'ai plus de problème de digestion.

Méditer

Quand on parle de méditation, beaucoup de gens ne savent pas trop ce qu'on veut dire. Il existe des dizaines de façons de méditer, mais je pense que toutes reviennent à la même idée : **calmer son esprit et être présent.** On est surexposé à tellement de choses aujourd'hui, que notre esprit a besoin de ralentir, de s'apaiser.

Une des façons de pratiquer la méditation est de s'asseoir sur un coussin, de fermer les yeux, et de nous concentrer sur notre respiration qui entre et qui sort par l'inspiration et l'expiration. Naturellement, des pensées vont surgir ; accueillons-les, laissons-les passer et revenons à notre respiration. Quand j'ai commencé, je méditais 3 minutes, puis 5, puis 10. Aujourd'hui, je médite 30 minutes chaque matin et ça me fait un bien fou.

Quand nous prenons une douche, nous faisons du bien à notre organisme, n'est-ce pas? La méditation, elle, apaise notre esprit. C'est pour ça que **méditer est la douche de l'esprit.** La solution à n'importe quel problème réside en nous si nous prenons le temps de nous calmer et d'écouter. Ainsi, **la pratique régulière de la méditation nous aide à calmer notre esprit pour mieux entendre cette voix intérieure qu'on appelle l'intuition.**

Lorsqu'on a demandé à Bouddha ce qu'il avait gagné à méditer, il a répondu : «**Rien. Toutefois, laissez-moi vous dire que j'y ai perdu colère, dépression, anxiété, insécurité, peur de vieillir et de mourir.**»

Effectivement, avant que je commence à méditer, mon esprit était souvent en train de penser à plein de choses, au point de parfois me réveiller la nuit. Aujourd'hui, je me sens plus calme et serein.

Créer sa routine

Un jour on m'a dit : «**Le secret du succès, c'est de t'engager, et de tenir tes engagements, peu importe ce qui arrive.**»

À l'époque où Arnold Schwarzenegger s'entraînait pour devenir Monsieur Univers (cinq titres) et

Monsieur Olympia (sept titres), il a confié à un magazine que son secret pour ses abdominaux était de consacrer 10 minutes d'exercice par jour, mais tous les jours de sa vie ! « Ça ne sert à rien de vouloir en faire trop, nous risquons de nous lasser. Mon secret est d'en faire un peu, mais régulièrement. »

Mon heure à moi

Il y a quelques mois, j'ai commencé à m'imposer une discipline matinale, qui est d'ailleurs devenue un plaisir matinal : je me lève à 6 heures, je bois 3 grands verres d'eau (c'est la première chose à faire tous les matins, car notre corps vient de passer 7 heures sans s'hydrater), je fais ensuite 10 minutes d'exercices pour abdominaux, puis 20 minutes de yoga et 30 minutes de méditation. Et ceci tous les jours. J'appelle ça « mon heure à moi ». Quand on y pense, que ce soit pour notre travail ou notre vie personnelle, **la plupart des choses que l'on accomplit dans une journée sont pour les autres, ou en relation avec eux.** Alors que l'heure que je m'accorde, je prends du temps pour moi et c'est très important. La preuve en est qu'à la fin de cette brève période, je suis plein d'énergie et ouvert à passer une magnifique journée. J'en apprécie tellement les bienfaits que j'ai envie de répandre cette recette partout autour de moi, afin de donner la piqûre à tout le monde. **Je leur dis qu'à force de changer des petites choses, j'ai constaté de grands changements.**

La règle de cinq

Dans *Le Succès selon Jack,* Jack Canfield nous explique un principe simple qui est de réaliser tous les jours cinq gestes concrets qui nous rapprochent de notre objectif. Et ceci peu importe le domaine dans lequel nous voulons progresser. Si vous voulez améliorer votre santé, voici donc cinq actions bénéfiques que je vous propose de faire :

- Troquer le café après le repas pour un thé ;
- Manger un fruit de plus ;
- Aller marcher 15 minutes ;
- Fumer trois cigarettes de moins et même cesser progressivement ;
- S'informer sur une recette santé.

Ce principe nous permet de changer les choses en douceur, car **on ne peut pas transformer d'un seul coup nos habitudes de vie, mais on peut procéder petit à petit, lentement… mais sûrement.**

Si on m'avait parlé de tous ces petits changements il y a cinq ans, je n'aurais même pas écouté. Aujourd'hui, je ne peux plus m'en passer tellement ça m'aide à me sentir mieux. Je vous souhaite de trouver vos petits changements à apporter qui vous ressemblent et correspondent à votre rythme de vie.

*En bref,
je change de petits
détails qui me
font sentir
mieux.*

CHAPITRE 29

J'ai investi, j'ai appris, j'ai grandi

« On ne reçoit pas la sagesse. Il faut la trouver soi-même après un trajet que personne ne peut ni faire pour nous, ni nous épargner. »

— MARCEL PROUST

Quel est le meilleur investissement qui existe? Certains vont me répondre l'immobilier, d'autres me diront la Bourse, ou encore l'or. **Selon moi, le meilleur investissement, c'est nous. Il n'y a rien de plus payant que de prendre la décision d'évoluer.** Comme disait le grand entrepreneur américain Jim Rohn : « Travaillez sur votre carrière, et vous gagnerez de l'argent. Travaillez sur vous et vous gagnerez une fortune. »

Devenons un étudiant de notre propre vie, et de notre propre destin. **Il n'y a pas meilleur investissement que d'acquérir des connaissances et de l'expérience.** Peu importe ce que nous voulons apprendre, peu importe ce que nous voulons accomplir, un autre l'a sûrement déjà fait. La bonne nouvelle, c'est qu'il ou elle a certainement écrit un livre, donné une conférence ou laissé une trace à ce sujet. Nous n'avons qu'à trouver ses idées. Je peux vous assurer que la meilleure chose que j'ai pu faire dans les dernières années a été de travailler sur moi, sur mon attitude, ma personnalité, ma façon de communiquer, etc. J'ai compris que **mon extérieur changerait si je changeais mon intérieur.** Ça ne sert à rien de blâmer les autres, **nous sommes les seuls responsables de ce qui se passe dans notre vie.**

Le grand entrepreneur américain John Earl Shoaff a dit : « Ne souhaite pas que ce soit plus facile, souhaite de devenir meilleur. Ne souhaite pas moins de problèmes, souhaite plus de connaissances. Ne souhaite pas moins de défis, souhaite plus de sagesse. »

S'inspirer des autres

N'hésitons pas à nous inspirer de gens qui ont réussi. Demandons conseil, suivons des cours, instruisons-nous. Si nous voulons apprendre quelque chose, il y a forcément quelqu'un quelque part qui peut nous l'enseigner. **Entourons-nous de gens qui**

nous tirent vers le haut. Des gens avec les mêmes intentions et les mêmes rêves que nous.

J'ai décidé de m'éloigner des individus qui sont bloqués dans une mentalité de victimes. Aujourd'hui, je tente de m'entourer de gens positifs qui veulent grandir et qui croient en eux. Si nous voulons réussir, nous voulons être en présence de gens qui réussissent afin de nous en inspirer. Jim Rohn a écrit : « Vous représentez la moyenne des cinq personnes que vous fréquentez le plus souvent. » Inévitablement, nous finissons par ressembler aux gens que nous côtoyons.

Je pense qu'on aime l'équipe du Canadien de Montréal pour plusieurs raisons, dont son merveilleux esprit d'équipe. Ces hockeyeurs ont besoin de leurs coéquipiers pour gagner. Sans une équipe solide, on ne peut rien faire. Alors trouvons nos coéquipiers et gagnons notre vie !

On apprend à tout âge

Nous sommes conditionnés à croire qu'une fois nos études accomplies, vers 22 ans, la période d'apprentissage est terminée. Je pense au contraire qu'elle commence, car **nous avons enfin les outils pour nous lancer dans un bel apprentissage de la vie.**

Quand j'ai commencé ma carrière au Québec, j'ai décidé de suivre des cours de diction, car je parlais très vite. J'ai ensuite suivi des cours de guitare, des cours de chant, des cours de jeu d'acteur, des cours de piano. J'ai investi en moi-même en consultant une psychologue très régulièrement, j'ai acheté des dizaines de livres pour m'instruire, j'ai essayé le yoga, la méditation, la course à pied. Dernièrement, j'ai décidé de réaliser un rêve qui m'habitait depuis plusieurs années : doubler des voix de dessins animés. Pour cela, j'ai suivi un stage, puis des cours particuliers, pour ensuite opter pour des cours de voix (pour muscler mes cordes vocales) ; et je continuerai comme ça jusqu'à l'atteinte de mon objectif.

La meilleure phrase que j'ai pu entendre à ce sujet est : « On ne court pas après le succès. Le succès vient à nous grâce à la personne que l'on devient. »

Tout ce que nous apprenons reste en nous indéfiniment ; alors n'hésitons jamais à investir en nous pour devenir la meilleure version de nous-même.

En bref, je suis mon meilleur investissement.

CHAPITRE 30

L'équation du Bonheur

« En général, les gens sont heureux dans la mesure où ils décident de l'être. »

— ABRAHAM LINCOLN

L'un des outils qui m'a grandement marqué dans ma recherche de mieux-être vient d'Anthony Robbins. Il donne une formule mathématique simple afin de comprendre pourquoi une situation nous rend heureux, malheureux, ou nous fait souffrir. L'équation se résume ainsi : **CV = PP**.

CV signifie « **Conditions de vie** ». Elles sont l'expérience que nous avons chaque jour de notre vie, dans notre vie professionnelle, personnelle, sur le plan de la santé, dans nos relations avec notre famille, nos amitiés, etc.

PP signifie « **Plan prévu** ». Il représente l'idée du résultat qu'on avait imaginé pour les différents secteurs de notre vie.

Si CV ≠ PP, alors deux options s'offrent à nous. Ou nous faisons le nécessaire pour changer nos conditions de vie (ce qui est le plus recommandable), ou nous réajustons nos plans (s'ils sont vraiment inaccessibles).

Prenons un secteur de notre vie dans lequel nous sommes heureux, et nous allons nous rendre compte que nos conditions de vie sont égales au plan que nous avions prévu. Par exemple, si nous avions prévu d'être en forme physique et de valoriser notre alimentation, et qu'aujourd'hui nos conditions de vie nous permettent de prendre le temps nécessaire pour faire de l'exercice en nous donnant la liberté d'acheter de la nourriture saine ; alors nos conditions de vie correspondent au plan prévu, ce qui nous rend heureux dans ce domaine.

Au contraire, si les deux ne correspondent pas, nous serons malheureux.

Permettez-moi de prendre l'exemple d'un couple d'amis. Appelons-les Sophie et Nicolas. Sophie avait cogité le plan de vivre dans une maison proche de sa famille avec ses enfants (ce qui est le cas en ce moment) et elle ne souhaite pas déménager, car sa condition de vie s'accorde avec le plan prévu.

Quant à Nicolas, il aimerait acquérir une indépendance financière pour se sentir libre. Pour cela, il souhaite acheter des duplex dans une ville voisine, les retaper pour les louer par la suite. Pour suivre son plan, il aurait besoin de vendre leur maison actuelle et d'aller vivre dans un des appartements qu'ils achèteraient. Comme Sophie ne souhaite pas déménager, Nicolas traverse une période dans laquelle il n'est pas heureux, car sa condition de vie est différente du plan qu'il avait prévu. Par conséquent, Nicolas accumule beaucoup de ressentiment, car il se sent bloqué. Ainsi, il passe son temps libre à aller pêcher, jouer aux jeux vidéo, ou regarder la télévision (sûrement pour ressentir ce sentiment de liberté, pour se changer les idées, ou peut-être pour fuir sa réalité).

À mon avis, trois options s'offrent à eux. Soit que Sophie revoie son plan prévu et décide de déménager. Soit que Nicolas revoie son plan et décide qu'il est bien où il est. Soit qu'ils se quittent pour vivre leur plan prévu chacun de leur côté.

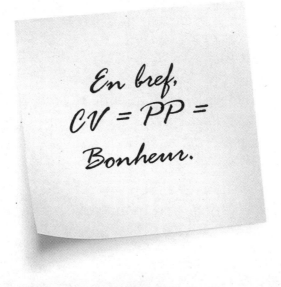

En bref,
$CV = PP = $
Bonheur.

Conclusion

« Vivre, c'est la chose la plus rare du monde.
La plupart des gens ne font qu'exister. »

— Oscar Wilde

Je crois que beaucoup de gens confondent le bonheur et la joie. D'après moi, être heureux consiste à se sentir en paix avec soi. C'est-à-dire que peu importe ce qui se passe à l'extérieur, je suis heureux. Alors que la joie est un sentiment qu'on ressent face à une situation. C'est pour cette raison que lorsqu'on me demande : Qu'est-ce qui te rend heureux ? Je réponds qu'il n'y a rien qui me rend heureux, je suis heureux. Par contre il y a des moments de vie qui me rendent joyeux.

Ainsi, pour moi, le but de la vie est d'être heureux, et donc d'être bien avec moi. Je crois que c'est la clé de tout, car si nous sommes bien avec nous, nous aurons les idées claires, nous allons attirer les bonnes personnes, nous allons trouver ce que nous voulons dans la vie, nous allons créer de belles opportunités.

Les deux ingrédients nécessaires pour être bien avec soi sont avant tout la profonde volonté de l'être et la capacité de se regarder de manière très objective.

Walter Inglis Anderson l'a très bien dit : « Notre vie s'améliore seulement si nous prenons des risques, et le plus grand de tous les risques est d'être honnête envers soi-même. »

On l'a bien compris, l'état de notre vie reflète ce qui se passe à l'intérieur de nous. Si nous voulons une vie pleine de succès, nous voulons faire face à la réalité. Que ce soit pour notre travail, notre poids, notre couple, nos relations ou tout autre secteur de notre vie, nous voulons affronter les difficultés pour changer ce qui ne nous convient pas. **Le déni ralentit seulement notre évolution et nous empêche d'avancer comme nous pourrions le faire.**

Je comprends très bien la difficulté qu'il peut y avoir à aller dire ce qu'on ressent à un membre de sa famille, à admettre que son couple ne va pas comme on voudrait, ou à décider de quitter un travail qui nous fait bien gagner notre vie pour essayer de vivre un rêve qu'on chérit depuis des années. Je sais que toutes ces choses ne sont pas évidentes et qu'il faut du courage ; mais c'est pourtant là que réside la solution vers une vie meilleure.

En surmontant nos peurs et en faisant face à notre réalité, nous améliorons notre vie de façon considérable.

Tout part de ce qu'on pense de nous. C'est pour cette raison que de tous les post-it collés un peu partout chez moi, le plus important est celui-ci : **Nos pensées gouvernent tout.** Comme l'a si bien dit l'essayiste, philosophe et poète américain Ralph Waldo Emerson : « **Ce sont les pensées d'un homme qui déterminent sa vie.** »

Beaucoup de gens ne prennent pas la responsabilité de leur vie et se plaignent constamment. S'ils n'ont pas ce qu'ils veulent, c'est toujours la faute de quelqu'un ou de quelque chose d'autre, comme le gouvernement ou la météo.

J'ai moi-même longtemps fait partie de ces gens-là. Un jour, j'ai compris que ceux qui réussissent vivent avec le même gouvernement et la même météo que tout le monde. **Ainsi, on n'a pas besoin de changer l'extérieur, on a besoin de se changer nous-mêmes.**

* * *

J'ai un ami que je trouve assez négatif, et nous nous entraidons pour nous améliorer. L'autre jour, il a osé quelque chose qu'il n'avait jamais fait auparavant. Il m'a annoncé de mauvaises nouvelles de façon joyeuse. En arrivant chez moi, il m'a dit avec le plus grand sourire : « Je viens de marcher sous la pluie et face au vent pendant 15 minutes, mon fils est convoqué par son professeur, car il éprouve des difficultés à l'école, et ma fille est affligée de complications de santé. » Croyez-le ou non, grâce à sa façon de me le dire, ça m'a fait du bien de l'écouter. Il m'a d'ailleurs avoué que réagir comme ça l'avait aussi beaucoup aidé.

Je ne prétends pas que nous devons fermer les yeux devant la réalité ou même la prendre à la légère, mais pourquoi ne pas essayer de changer notre façon de la voir ? Comme l'a si bien dit Elizabeth Guilbert, l'auteure d'un ouvrage réunissant 108 chroniques, *Mange, prie, aime* : « **Change ta façon de voir les choses, et les choses que tu regardes changeront.** »

Nous pouvons améliorer notre salaire, notre santé, nos connaissances et devenir exactement ce que nous voulons si nous décidons de changer notre façon de voir les choses. **Nous sommes les uniques créateurs de notre destinée.**

Depuis que j'ai commencé ce magnifique parcours vers la réussite et que j'en ai vu les résultats, je ne veux plus m'arrêter. Voyez-vous, c'est comme se mettre à bien manger : une fois que c'est fait, on ne veut pas revenir à la malbouffe, tellement les bienfaits d'une alimentation saine sont géniaux.

Je crois qu'à l'origine, nous naissons tous bons. En d'autres termes, nous sommes tous des diamants à l'état brut. Ensuite, nous vivons presque tous des traumatismes, des peurs, des hontes, et des manques qui viennent en majeure partie de notre enfance. Ainsi, nous sommes des diamants égratignés par la vie. **En nous regardant et en prenant la responsabilité de notre vie, nous polissons ce diamant pour briller**. En brillant, nous inspirons notre famille, nos amis, nos collègues, et le reste du monde à faire de même.

Vous êtes fabuleux, nous le sommes tous! On a tous un potentiel extraordinaire qui peut nous permettre de grandes réalisations. N'écoutons pas les gens qui nous disent que ce n'est pas possible. Je vous le dis avec tout mon enthousiasme et ma foi en la vie: **Tout est possible!**

C'est normal que nous ayons peur de sauter dans le vide pour vivre nos rêves.

J'ai entendu à une occasion cette magnifique phrase qui m'a fait réfléchir: *Si vos rêves ne vous font pas peur, c'est parce qu'ils ne sont pas assez grands.*

Ne laissons pas nos peurs et nos doutes nous paralyser.

Fermons les yeux et voyons ce que nous voulons devenir, avoir et être. Gardons cette vision le temps qu'elle devienne réalité. Je crois qu'il n'y a pas de petits rêves. Que nous aspirions à devenir vedette de rock, facteur, boulanger, médecin ou maman à la maison, ce sont tous des rêves aussi honorables les uns que les autres. On vit dans un monde où beaucoup de gens courent après la célébrité, l'argent et le pouvoir. Pourtant, je crois que c'est dans les petites choses que nous trouverons notre joie. Comme mon bon ami Gilles Cormier m'a dit un jour : « Ton succès mondial peut devenir éphémère, alors que le bien que tu fais à plus petite échelle peut devenir éternel. »

Je suis loin d'être parfait, mais je nourris ce vœu si cher de continuellement évoluer et de jouir d'une vie magnifique. Tous les outils présents dans ce livre m'ont aidé en ce sens et continuent de le faire. J'espère vraiment que vous m'écrirez pour me dire s'ils ont fait de même pour vous. J'espère qu'ils vous aideront à améliorer votre court passage sur cette terre pleine de richesses.

Je vous souhaite d'arriver à la fin de votre vie et de vous dire : *J'ai vu ce que je voulais voir, j'ai fait ce que je voulais faire, je suis devenu ce que je voulais devenir. J'ai vécu la vie que je voulais.*

Je vous souhaite tout le bonheur du monde.

JÉRÉMY

P.-S. : Si vous pensez que ce livre pourrait aider quelqu'un, s'il vous plaît, prêtez-le-lui. Si vous pensez que vous ne le relirez plus jamais, je vous suggère de le donner ou de le déposer quelque part où le cœur vous en dit. Le hasard (s'il existe) s'occupera du reste.